Off the Job Training

Off-JTに活用する
人間関係づくり
トレーニング

星野欣生 [監修]
船木幸弘 [著]

金子書房

監修者のことば

　「星野さん，お早うございます」。私の方をしっかり見て声をかけてくださる。すぐに「お早うございます」と返しながら，気持ちが落ち着き安心している自分を感じるのです。今，私は京都にある高齢者コミュニティ（介護付き有料老人ホーム）で暮らしています。間もなく1年半を過ぎますが，ここにあげましたのは，毎朝職員とかわす1コマです。この施設の職員はどこであっても入居者と顔を合わせると，必ず相手の名前を言って話しかけてこられます。いわゆる"声かけ"ですが，対人援助職をはじめ，人とかかわる仕事についている人にとっては日常的なこと。また，職業にかかわりなく，人として毎日経験していることでしょう。

　しかし，最近は人と出会っても声をかけないことが多く，下手に声をかけると疑われることすらあるこの頃です。"声かけ"という言葉は，社会福祉，医療看護，教育など人を相手にして仕事をしている人に，いつも言われていることです。マニュアルにはきっと相手に接する際はまず名前を呼んでと書かれているのでしょう。でも，ただ名前を言えばよいのではなく，そのことが相手にどのような影響を与えているかに注目しなければなりません。冒頭にあげた私の場合，私を安心させてくれる効果があります。相互の信頼関係につながっていくものでしょう。それは，声をかけるときにどれ程相手の姿に目を向けているかにかかっていることと思います。人は意識しないで，心の内で起こっていること，気持ちを"からだのサイン"で外に表しているものです。その気持ちを感じながら声かけをすると，声の調子や姿勢が違ってくるものです。相手の気持ちに沿って言葉かけをすることで，相手は自分の気持ちを汲み取ってくれていると思えるので安心できる，そこから信頼感が生まれてくるものです。相手に目を向けず，無造作に声をかけると相手の気持ちを傷つけるようなことが起こることもあるかもしれません。よかれと思ってした声かけが思いとは逆に不信感を生み出しかねません。最初にあげた職員さんの声かけは，私の様子をよく見て，感情をこめて言葉を発しておられた故に，相互の信頼関係の育成に役立ったものと思います。そのためには普段のこころがけや職場などでのトレーニングが必要と思われます。そして，対人援助の仕事では，日々のストレスがいっぱいであるだけに，個人的に相手の気持ちに沿って声かけをしなければと思っていてもなかなか出来ないものです。そのときに必要なのは，仲間の支え，チームの支え，職場全体の支えであると思います。チームのありよう，職場風土のありようが成熟しているかどうかが強く求められるところです。

　それでは，このような行動はどこから生まれてくるのかを考えますと，普通は日常生活の中での様々な体験，特に対人関係からと言えるでしょう。ところが今の社会，人間関係が少なく薄くなってしまい，どうすればよいのか分かりづらい現実があります。そこでマニュアルが登場するわけですが，どれ程言葉を尽くしても人の心に届くものではありません。職場の"人間関係づくり"が強調される所以でもあります。そこで体験を通して学ぶ方法が登場してきます。私はもともと家庭裁判所調査官という対人関係の仕事に就いていましたが，その中で体験学習に基づく人間関係トレーニングに出会い，ファシリテーターとして実践し研究を重ねてきました。体験学習は理論と実践を同時並行で展開していくものです。学習の場面ではともすれば理論学習が先行するものですが，どうしても頭でっかちになってしまいます。体験学習では，学習者のニーズに沿ってつくられたプロ

グラムを実施することで，さまざまな体験を重ねながら学習していきます。先ほどの声かけで言えば，自分がどのような声かけをしているか，それが相手にどのような影響を与えているかなど自分の発言や行動の仕方について，学習を共にする仲間からのフィードバックももらいながら進んでいきます。気づきから行動変容への流れを体験します。本書の大きな特徴は凡て体験学習で学習を展開していることです。

　職場での人材育成では OJT（On the Job Training）がその基本になることは言うまでもありません。ですが，本書のタイトルはそれに対するように，「Off-JT に活用する人間関係づくりトレーニング」となっています。先に述べたように，日常生活だけでなく，職場での人間関係も希薄になり相互の関心も薄くなっているのが現実です。本書では体験学習を前面に出して，個人がそれぞれなりに自分のありように気づきながら，学習場面での仲間との相互関係をつくり深めていくこと（人間関係づくり）をねらっています。価値観など自分の枠組みや行動の仕方などに光を当てる，コミュニケーション，リーダーシップ，チームワーク，チームづくり，職場組織の活性化などについて，それぞれの目標にあったプログラムを提示し，そのすすめ方を現場に沿って展開できるように工夫されています。最終的には，「成熟した職場づくり」の実現が大きな目標になると思われます。特に職場ぐるみで実施されることを望みます。

　本書の著者は，私の学習仲間ですが，社会福祉の現場で多くの体験を積まれる中で，"体験学習による人間関係トレーニング"に出会い，研鑽を積まれ，今は教育の現場で研究，教育に力を注いでおられ，今度の飛躍が期待されている方です。したがって，本書でも，自分の体験を具体的に語っておられ，ヒントを戴けることが多いのではと思います。特に実際のプログラムを紹介されていることは他書には見られないことと思います。参考にされながら，それぞれの学習プログラムがつくられ実践されることを期待します。そして，その実践が職場組織や社会の変革につながっているものであることを確信します。

星野　欣生

まえがき

◇本書の特徴

　本書は教材（エクササイズ）を使う能動的な体験をとおして"人間関係づくり"を学べるようになっています。特に，「コミュニケーション」や「人間関係」を学ぶ「Off-JT（職場を離れて行う研修）」や「キャリア教育」における「人間関係トレーニング」の教材として，「いきいきと職員が働ける職場づくり」をするために活用することができます。

　また，学習する人が「主体的に学ぶ場づくり」に活用できる「ラボラトリー方式の体験学習（以下，体験学習）」の多彩なエクササイズを掲載していますので，大学等のキャリア教育やOff-JT・セミナー講師を担う方々にも新教材として活用することができるでしょう。

　それぞれのテーマに関連するエクササイズと小講義には，マネジメント（Peter.M.Senge：Henrey Mintzberg：Edger H.Schein），フォロワーシップ（Ira Chaleff）の関連諸理論も導入し，学習内容を整理して解説しました。さらに，「メンバーの役割行動」の観察用ルーブリックを開発しましたので，具体的なフィードバックを得やすいように職場ぐるみで活用してみてください。

◇職場づくりと Off-JT への期待

　職場内の「コミュニケーション」や「人間関係」に不満を募らせて，やむを得ず離職する人が少なくないようです。また，対人援助を行う運営法人はそのような職場の状況を把握していないことが，全国調査（全国社会福祉協議会，2008）によって明らかにされています。これは，職場内の「コミュニケーション」や「人間関係」を組織的に放置しているものだと考えられます。

　このような職場では，「役に立たない職員は辞めてもらう」，「辞めたらつぎの人を採用すればよい」という対応を繰り返しています。職員を単なる使い捨てのパーツのように扱う職場は，個々人が孤立しやすく利用者を大切にしていません。ましてや，職員が繰り返し短期間で退職してしまう職場は，サービスの質的向上もできないでしょう。それは，サービスが職員という"人"から利用者という"人"に対して提供されることから，そこで働く職員の働きによるサービスの質が大きく違ってくるからです。職員の働きが良ければ提供されるサービスは良質ですが，そうでなければ悪質になります。つまり，職員という"人"を大切にする職場こそ，利用者という"人"も大切にするといえます。職員側からすると，自分たちを大切にして期待してくれる職場に信頼と誇りを抱き，安心してこの職場で「働き続けたい」と前向きになるでしょう。このように，離職者が多いという問題は職場の協働性やチーム力の低下を招き，サービスが悪影響・社会的な不安をも招く恐れがあります。

　職場のパフォーマンスを低下させ，社会にも不安を抱かせる事態を回避するためにも，「離職者」を生む職場の諸問題は放置できません。また，職場の現状を保持し維持することを主とし，変化を求めることを避け，「離職者」を生む問題を放置したままの職場のマネジメントも放置できません。

　良質なサービスを提供するためのマネジメントは，「Off-JT」を「いきいきと職員が働く職場づくり」のために実施するのが効果的だと私は思います。

◇体験学習と場づくりへの期待

なぜ，本書を出版することにしたのか。それは，私自身が体験学習をとおして「学習することが好きで，今もなお学び続けている」からです。「体験学習」はその名のとおり，体験をとおして学ぶ学習方法です。特に，人間関係づくり・職場づくりの学習に優れているこの学習方法は，さまざまな知識を獲得する理論学習も統合していくものです。それこそが，"すっかり"研修（学ぶこと）が好きになった理由です。

このように，私は体験学習と出会って以降，2001（平成13）年から自分自身も学び続けながら体験学習の場づくりをはじめました。おそらく，私はこの頃から『トランジション（状況が変わり心理的にも変わること）』を経験し続けているのです。それはまた，今の立場を手放して学ぶ者としての場づくりを支援・提供していきたいという変化の始まりでもありました。

私の体験学習の場づくりは，ライフワークとして2002年5月から主宰した北海道内における「体験学習ファシリテーター養成講座」の定期開催が皮切りです。この場づくりは，フリーランス・ファシリテーター江上厚氏（江上人材開発代表）を講師に招聘し，星野欣生氏（南山短期大学名誉教授）のご指導が基盤となっています。現在の「養成講座」は，当時の同士たちの主宰運営（NPO法人 Facilitator Fellows）によって，第54回目（2017年8月現在）を数えるに至っています。

また，私の体験学習ファシリテーターとしてのライフワークは，ボランティア活動者の研修講師，学校教職員の職場研修講師，組織・法人内の職員研修講師などにも広がっています。そのような状況の中で，日本体験学習研究会（主催：南山大学実行委員会）に参加し，全国各地のファシリテーターたちの実践から学びつつ，私の実践と研究の積み重ねは17年目を迎えます。現在は，縁あって大学の専門科目（「対人コミュニケーション」「人間関係と心理」「チームビルディング」「ファシリテーション」）を担う教育現場のファシリテーターという立場にあります。

今回出版機会に恵まれたのは，地方公務員を志願退職した2005（平成17）年から大学の授業やOff-JT を担う中で，蓄積してきた実践と研究成果を基に公開しようと考えた，私自身のつぎの『トランジション』を迎えたという次第です。

◇本書を出版するきっかけ

本書は，学習する人が「主体的に学ぶ場づくり」と「職場づくり」をすすめるための Off-JT に活用する「人間関係トレーニング」のテキストとして，私の経験と実践・研究を蓄積する中で明らかになってきた課題や気づいた事柄を中心に取り上げています。

その"きっかけ"は，本書の巻頭で『Off-JT 実践例』として紹介するプログラムに参加された皆さんのつぎのような"声"にあります。
◎ さまざまな教材（エクササイズ）をとおして楽しみながら学習できた。
◎ 自分や他者の考え方の違いに気づく機会となったので，もっと頭をやわらかくしたい。
◎ 今回の参加対象外だった職員にも，このような体験学習の機会が必要だと思う。
◎ 明るく，物事が言える，風通しのよい職場づくりをしたい。
◎ 職場づくりを目指すならば，幹部研修，中堅・リーダー研修，新入職員研修という枠組みで参加する研修よりも，職場・事業所の職員全員で行うほうがよい。

このような皆さんの"声"は，「もしかして，体験学習をとおして学ぶことを気に入ってくれたのかな」と嬉しく思いました。と同時に，参加者の皆さんが別の機会に受講した研修（Off-JT プ

ログラムを含む）ではこれまで発言しなかったというこの"声"に，私がどのように応えるのか。新たな課題と向き合うことになりました。

　もちろん，従来型の「原理・原則を専門家が伝達するもの」，「標準的な知識や技術を求める人の研修ニーズに対処するもの」の必要性を私は否定している訳ではありません。しかし，研修を終えて参加者たちが職場に戻ると現実（実際）の課題に向き合うことになります。継続して今の職場で働くためには，参加者自身の気づきや学びの場も，参加者同士の交流や意見交換の場も大切ですが，「明日から，頑張ろう」という活力を職場内に生む場・機会（Off-JT）こそ，職場ぐるみで取り組む必要があると考えるようになったのです。

◇本書の構成

　本書は，病院，社会福祉施設・事業所，保育所や学校などの対人援助専門職が多い職場で起こる事柄・事情に関心がある私が，『人間関係づくりトレーニング』『職場の人間関係づくりトレーニング』の著者である星野欣生氏（南山短期大学名誉教授）の監修のもとで著作しました。

　本書の巻頭には，働きやすい職場づくりのために「Off-JT」を実施していくための参考として，私が実践してきた Off-JT プログラムとその留意事項を掲載しています。このプログラムを参考に職場ぐるみで体験すると効果的です。また，類書の中では初めてマネジメント，フォロワーシップに関連するエクササイズと小講義も掲載しているという特徴があります。

　まず，1～2章では，「むきあう」「気づく」をテーマに「個人の気づき」「価値の明確化」に関する領域。3～5章では，「わかる」「かかわる」「みとおす」をテーマに「フィードバック」「コミュニケーション」「フォロワーシップ」「リーダーとフォロワー」，職場と「マネジメント」「マネージャ」に関する領域。そして6～7章では，「協働する」「きめる」をテーマに，「チームビルディング」「チームワーク」「集団意思決定」「判断に関わるバイアス（偏_{かたより}）」を解説し構成しています。また，参考にしてほしい類書の小講義の項目を紹介（掲載）しています。

　5～7章の章末には，エクササイズの正解や解説，メンバーの役割行動をみていく『ルーブリック（フィードバック観察用）』を掲載しました。これは，大学の授業や職場づくりの機会のツールとして是非活用をお願いします。

◇まとめ

　本書は，テーマを各章に掲げて，「何かに取り組む」ように編集しました。職場のトランジションを乗り切るために，職場ぐるみでエクササイズに取り組んでください。

　また，取り組みの中でご留意いただきたいことがあります。まず，体験学習ではエクササイズの後に小講義を読んでいきますが，エクササイズの後には必ず，プロセスをふりかえる時間を用意してください。どうしてこのような面倒なことをするのかと思う人もいるでしょうが，体験学習は，体験しているときに自分の中で起こっていたことに光を当てる"プロセスから学ぶ"学習方法です。それらをとおして，自分や他者と"むきあう"ことにより多くの機会を重ねることが体験を積むことになって，さまざまな"気づき"を生むことがいかに効果的なのかを知ることになると思います。

著者　　船木　幸弘

本書を研修で効果的にご活用いただくために

【職場の Off-JT プログラムの実際】

　本書では，体験学習の最新エクササイズを複数紹介しています。これらのエクササイズを，職場の Off-JT プログラム，キャリア教育，大学の授業などの学習機会において活用しようと考えている教育担当者の方も多いと思います。

　そこで，私（筆者）が作成し実践している 3 例のプログラムに，さらに留意事項を加筆してここで紹介します。このような教育プログラムは，個別化（ステーク・フォルダーのニーズを反映）されたものであるほど，公刊（公開）されたものは数少ないと思われます。ぜひ，体験学習を中心とした教育プログラム実践の参考にしてください。

　なお，教育プログラムの作成に関わる詳細は，星野欣生（著）「12．教育プログラムをつくる」（津村俊充・星野欣生（編）『実践 人間関係づくりファシリテーション』2013，金子書房）を参考にしてください。

　また，本書を活用して，読者の皆様に「（仮称）職場のファシリテーター養成事業」の開催を各地で予定してほしいと思います。この事業は，体験学習を用いた「職場の Off-JT プログラム」を求めに応じてそれぞれの職場で本書を活用・展開していくことを念頭におくものです。サポートが必要な場合は筆者に（お気軽に）お問合せください。

●実例 1．社会福祉法人 法人内 Off-JT vol. Ⅰ（幹部研修：全職員導入前）

『体験的チームビルディングⅠ』―グループ・アプローチ入門―

スケジュール：2013.1.26　　　　参加者：22名　　　　※全職員対象に実施（2013.6.22-23）

研修のねらい

○体験から学ぶこと―暗黙知から形式知へ―

○チームワークを学ぶ（チームビルディングへの足がかり）

○問題解決のプロセスを体験する

○グループ・アプローチに必要なスキルと視点を学ぶ

○効果的な職場（チーム）づくりを考える

	1日目	留意事項
9：50	◇受 付	※名札を付けて，指定場所（終日固定）に着席を促す程度で開始時刻を待ちます。
10：00	研修のはじめに 　　ひとこと	※今後，全職員を対象にこのような法人内職員研修を計画したい旨の主催者挨拶です。
10：10	研修のねらいと進め方 　コメント「職場に求めること」 　小講義「職場（組織）の活性化」	※講師（ファシリテーター）からは研修の「ねらい」と，ワイワイ楽しむように学ぶことを伝えます。
10：20	グループ（集団）と葛藤	※事前調査があれば結果を，また全職員研修導入前には「意識調査」が効果的である旨も説明します。

	◇アイス・ブレーク 　　小講義「集団内の葛藤」	※実は，導入用のエクササイズです。ごく短時間で「体験学習の循環過程」を体験し，気づきから学ぶような意識を促していきます。
10：30	◇エクササイズⅠ『課題解決実習』 　　小講義「ラボラトリー体験学習について」	※エクササイズⅠは，所要時間20〜30分程度の絵や地図を描く比較的安易なものを，事前に研修担当者と意見交換して選びます。
11：20 11：30	「グループ・プロセス観察のポイント」 チームワーク①（体験）	
	◇エクササイズⅡ『ノンバーバル・チームワーク　実習』	※参加者それぞれのペースで，他者の動きに注目しながら協働作業を行うエクササイズⅡを選び，参加者個々の特徴的な動きに注目します。
12：20	小講義「チームビルディングの必要性」	
	昼食（会場内にて）	全員同じ弁当を用意してもらいます。
13：10	小講義「組織内の関係を構築する」 　　　　「集団における意思決定」	※なぜ，今回このようなエクササイズを行うのか，その意義を説明の中で可能な限りストレートにわかり易く伝えるようにします。
13：20	チームワーク②（グループの相互診断） ◇エクササイズⅢ『集団の意思決定』 　　A．コンセンサス実習（観察：Bグループ）	※グループの活動を相互に診断し合いますが，エクササイズに取り組む中でどのようなことが起こるのかに注目していきます。
14：40	小講義「チーム力アップへの働きかけ」	※観察する側からフィードバックを行うこと，効果的な職場づくりの参考にすること，そのためのスキル・トレーニングなど，次回の研修プログラムに考慮すべき事柄の発掘にも注目し把握していきます。
15：00	B．コンセンサス実習（観察：Aグループ）	
16：20	小講義「効果的なチームの特徴」 　　　　「集団決定と職場改革」	
	◇この研修のふりかえり 　　―今後に向けて―	※研修全体を「ふりかえる」内容のシートを配布して記入してもらいます。後日，主催者が回収してコピーを受け取ります。
16：40		

● **実例２．社会福祉法人 法人内 Off-JT vol. Ⅱ（リーダー・中堅職員研修）**

『体験的チームビルディングⅢ』―グループ・アプローチ実践―

スケジュール：2014.1.25〜26（2日間）　　参加者：17名

研修のねらい

○体験から学ぶこと―暗黙知から形式知へ―

○問題解決のプロセスを体験する

○グループ・アプローチに必要なスキルと視点を学ぶ

○効果的な職場（チーム）づくりを考える

	1日目	留意事項
9：20 9：30	◇受　付 研修のはじめに 　　研修のねらいと進め方	※名札を付けて，指定された場所に着席する促し程度で開始時刻を待ちます。 ※主催者から今回の研修の意義を，講師（ファシリテーター）から研修の「ねらい」と，楽しくワイワイしながら学ぶ研修であることを伝えます。
9：40	◇エクササイズⅠ『一方的なコミュニケーション』 　　小講義「職場（組織）の活性化」 　　　　　　「プロセスとは何か」「学習と動機づけ」 　　事前アンケート「上司に求めること」から	※エクササイズは，参加者がその場で絵や文字を描く比較的安易なものを選びます。 ※事前アンケートがあれば結果を説明します。

10：00	◇個人の"ねらい"づくり コミュニケーションの相互診断 ◇エクササイズⅡ『双方的なコミュニケーション』 　　ふりかえり・わかちあい 　　小講義「フィードバックは成長の鏡」 12：20	※今回の研修の「ねらい」を基に，参加者それぞれが個人の「ねらい」を記入して，見える場所に期間中掲示しておきます。 ※対話型のエクササイズを選び，スキル・トレーニングと，参加者相互のフィードバックも試みます。
	昼食（会場内にて）	全員同じ弁当を用意してもらいます。
13：10 13：30 15：00 15：10	グループ活動からチームワークへ 　　小講義「チームビルディングの必要性」 　　　　　「チームの最適化に向けた個の強化」 ◇エクササイズⅢ『チームワークの実習』 　　ふりかえり・わかちあい 休憩 　　小講義「グループプロセス観察のポイント」 　　小講義「リーダー行動の留意点」 　　　　　「チーム力アップのための働きかけ」 　―チーム・ファシリテーターと観察者付き― ◇エクササイズⅥ『リーダー行動チームワークの 　実習』 　　ふりかえり・わかちあい グループ活動のわかちあい① ◇エクササイズⅤ『グループディスカッション』	※なぜ，今回このようなエクササイズを用意したのか，その意義を可能な限りストレートにわかり易く説明の中で伝えるようにします。 ※エクササイズは，話し合いと活動が含まれた所要時間30分程度のものを事前に用意します。 ※翌日にグループ活動の相互診断を行いますが，プロセスの観察は活動に取り組む中で起こるさまざまなことに気づくように，注意を向けてもらいます。 ※チームビルディングとリーダー行動，ならびに観察のポイント，フィードバックは，エクササイズの実施前に小講義を行って，考慮すべき事柄に注目していくように促します。 ※エクササイズⅥの「ふりかえり」をするディスカッションを行います。グループプロセスと，リーダー行動についての話題から始めて，その後観察者から観察メモに基づいた話題，そして全体発表に向けて話し合うプロセスにも注目していきます。
16：40 17：00	―リーダーシップとチーム活動― 　　ふりかえり・わかちあい・全体発表	

	2日目	留意事項
9：30 9：40 10：50	リーダーシップとチームビルディング 　　小講義「チームビルディングモデル」 　　　　　「リーダーシップの機能」 　　小講義「ファシリテーションとは」 ◇エクササイズⅣ『チームファシリテーション』 　　※エクササイズ A～C ごとチームファシリテー 　　　ター（1人）と観察オブザーバー（1人）を 　　　おく 　　ふりかえり・わかちあい・全体発表 　　小講義「コンセンサスについて」 　　　　　「融合論的な考え方」 　　　　　「葛藤について」 ◇エクササイズⅦ『事例検討』	※前日の流れを，引き継いでいけるような雰囲気づくりに配慮します。 ※チームファシリテーターを配置するので，ここで解説しておきます。 ※エクササイズはA・B・Cを連続で行います。各エクササイズのチームファシリテーターと観察者を決めて，A・B・Cの順序で始めます。 ※また，種類の異なった3種類のエクササイズを予め選んでおいて進めます。 ※エクササイズは，所要時間20～30分程度の比較的安易なものと高難度なものを選びます。エクササイズCの終了後，3種類のエクササイズをとおして「ふりかえり・わかちあい」を行います。エクササイズA・B・Cごとでは行いません。 ※ここの小講義は，エクササイズⅦの導入としていきます。 ※エクササイズⅦは，昼食前に開始しま

12：20	（昼食後も続く）	す。経過時間を考慮しながら，ある程度の内容を把握してから，昼に向かうようにします。
	昼食（会場内にて）	全員同じ弁当を用意してもらいます。
13：10 13：30 15：00 15：10 16：40 17：00	グループ活動とコンセンサス 　（午前のエクササイズの続き） 　集計・結果発表・ふりかえり 小講義「集団決定と職場改革」 　　　「組織内の関係を再構築する」 　　　「最適化に向けた個の強化」 グループ活動のわかちあい② 　小講義「効果的なグループの諸特徴」 ◇エクササイズⅧ『グループディスカッション』 　―今後に向けて― 　わかちあい・全体発表 ◇研修のふりかえり 　主催者から　―終了―	※昼食後は，時間どおりに再開するように，声をかけます。時間延長する場合は，全体の様子をみてから，5分以内を指示します。 ※エサササイズをとおして「職場づくり」を「体験から学ぶ」意義を，説明の中で可能な限りストレートにわかり易く伝えます。 ※グループの活動の相互診断結果と，これまでのエクササイズに取り組む中で起こったこと，気づいたことに注目したディスカッションの促しを行います。 ※スキル・トレーニングなど，今後の研修プログラムで考慮すべき事柄の把握発掘にも注目していきます。 ※2日間の研修を「ふりかえる」内容のシートを配布して記入してもらいます。主催者に回収してもらってコピーを受け取ります。

●実例3．専門職のトレーニング（通信制専門教育におけるスクーリング）

スケジュール：2016.7.16～17，23～24（計4日間）　　　　参加者：14名

研修のねらい

　○対人援助の基本とコミュニケーションスキルの習得

　○体験から学ぶこと―暗黙知から形式知へ―

　○人を理解すること（自己理解・他者理解・職場理解）を考える

　○グループ・アプローチに必要なスキルと視点を学ぶ

	1日目	留意事項
9：00 10：30 10：40	研修のはじめに これからの進め方の説明 ＊「人を理解する」ということ 　小講義「コミュニケーション・基本的態度」 ◇お互いに知り合う，自分を知る 　エクササイズⅠ『お互いに知り合う』＆ 　　　　　　　　『学習のねらいづくり』 　エクササイズⅡ『個人の気づき（自己概念）』 　小講義「自己概念と人の成長」 　　　　　　　　―休憩― 　小講義「自己覚知とは①」	※面識のない参加者が集合するので，名札を付けて自由に着席し，開始時刻を待ちます。 ※講師の自己紹介（経歴・業績・諸活動など）の前に日程・流れを説明して始めていきます。 ※研修の「ねらい」と「体験学習の循環過程」を説明し，気づきから学ぶこと，ワイワイ楽しむように学び始めることを伝えます。 ※「お互いに知り合う」ための作業の後，研修の「ねらい」を基に参加者それぞれが個人の「ねらい」を記入して，エクササイズⅠを実施します。また，これらは見える場所に期間中（自主的に）掲示しておくことを伝えます。 ※エクササイズⅡは対話型のもので，所要時間の範囲内でメンバー交換を行って，参加者の相互交流の促進にも配慮を加えていきます。 ※小講義では講師の論文も紹介します。

		留意事項
	◇相手に与える自分の印象を知る 　エクササイズⅢ『個人の気づき（思い込み）』 　小講義「対人関係における気づき」	※エクササイズⅢでは，参加者の気づきが促進されるかどうかをみていきます。 ※午前中は，ゆったりした雰囲気の中で参加者の学習ペースもみていきます。
12：10		
	昼食	個々で自由に昼食をとります。
13：00	＊基本的なコミュニケーションスキル① 　小講義「コミュニケーション・プロセス」 ◇効果的なコミュニケーションを考える 　エクササイズⅣ『コミュニケーション(授業型)』	※4日間のエクササイズの意義を考慮しつつ，ストレートにわかりやすく伝えていくように心がけます。 ※午後の2本の小講義は，対話型スキル・トレーニング（話す・聴く・観る）の前に行う基本講義です。
14：30	―休憩― 　小講義「コミュニケーションの諸要素」	※エクササイズに参加者が取り組む中で，どのようなことが起きていたか，内面も確認していきます。
14：40	◇自分の話し方聴き方の特徴に気づく	※明日の予定エクササイズの進行で考慮・変更すべき事柄の把握発掘にも注視していきます。
16：10	エクササイズⅤ『コミュニケーション(対話型)』	※エクササイズⅤは，3人組を基本に進めますが，参加者総数との兼ね合いで4人組にする場合も念頭においていきます。要するに，参加者の相互交流も考慮していくということです。
	今日1日をふりかえる	※本日の学習全体を「ふりかえり」シートに，思いつくことを記入してもらいます。
16：40		

	2日目	留意事項
9：00	＊安定と信頼を築くコミュニケーション 　小講義「対話的コミュニケーション①」 ＊「学ぶ」ということ 　小講義「学習の循環課程」 ◇仕事（学習）スタイルの自己検討 　エクササイズⅥ『学習スタイルの自己検討』	※講師から口頭で前日の流れと雰囲気などの概略をふりかえり，本日の日程説明と，小講義による概念整理から始めていきます。 ※小講義は，エクササイズⅥに関連づけていきます。 ※エクササイズⅥは，個人作業の進行が揃うように講師が読み上げます。
10：30	―休憩―	※個人作業の後は，4人組になって自己検討の内容をわかりやすく説明する場をつくります。
10：40	＊基本的なコミュニケーションスキル② 　小講義「人間関係を観る視点」 　小講義「フィードバックの留意点」 ◇観察とフィードバックの仕方を学ぶ 　エクササイズⅦ『コミュニケーション(観察型)』 　小講義「自己覚知とは②」	※ここの小講義の内容を，次のエクササイズⅦで実際にやってみるように伝えます。 ※エクササイズⅦは，対話型のスキル・トレーニングです。これまでと異なるメンバーになって開始します。
12：10		
	昼食	個々で自由に昼食をとります。
13：00	＊基本的なコミュニケーションスキル③ 　小講義「グループ・プロセスを観る視点」 ◇プロセスに気づき効果的な意思決定を学ぶ 　エクササイズⅧ『コンセンサス実習』	※昼食後は，時間どおりに再開します。声をかけていきます。時間延長する場合は，全体の様子をみてから，5分以内を指示します。 ※エクササイズⅧは，午前と違うメンバーで行います。 ※エクササイズⅧは，正解の有無は問いませんので複数用意しておいて，参加

14：30	―休憩―	者の意見を聞いて，もしくは様子をみて決めます。
14：40	小講義「対話的コミュニケーション②」	※グループの「ふりかえり」が終了したところで，それぞれのグループからエクササイズに取り組む中で起こったこと，気づいたことに注目して全体「わかちあい」を行います。
16：10	研修（vol.Ⅰ）2日間のふりかえり	※今後の研修プログラムで考慮すべき事柄の発掘にも注目していきます。 ※2日目のエンディングは輪になり全員で行います。
16：40	―次回に向けて―	※参加者がこの2日間の「ふりかえり」を記入して，全員が発表します。また，次回に役立てる旨を伝えて，記入用紙を回収して終了します。

	3日目	留意事項
9：00	研修の進め方について説明 　　体験からの学び方・ねらいの確認 ＊「人を理解する」ということ 　　小講義「コミュニケーション・基本的態度」 ◇エクササイズⅠ『人生サークル』 ◇エクササイズⅡ『私の地図づくり』 　　小講義「関係的成長ということ」	※講師から口頭で前回2日間の概要と流れ・雰囲気を話題にしてから，本日の日程説明，小講義による概念整理を始めていきます。 ※この日の小講義は，それぞれのエクササイズに関連づけて説明していきます。 ※エクササイズⅠ・Ⅱの個人作業を続けて行います。 ※この個人作業終了後から，5人程度の組でその内容を説明し合うこと，その後「ふりかえり」を行います。 ※3・4日目のエクササイズは，グループメンバーを固定して行います。
10：30 10：40	―休憩― ＊基本的なコミュニケーションスキル 　　―グループ活動で起こること①― 　　小講義「人間関係を観る視点」 　　　　　「どのようにプロセスを理解するか」 ◇エクササイズⅢ『問題解決実習』 ◇エクササイズⅣ『ノンバーバル・コミュニケーション』	※エクササイズⅢ・Ⅳは，予めグループで行う種類の異なった比較的安易なエクササイズを用意します。 ※各20～30分程度の所要時間を想定します。 ※このメンバーでエクササイズに取り組むことが，このエクササイズから実際に始まることになります。それぞれのメンバーとグループの動き（成長）にも注目していきます。
12：10		
	昼　食	個々で自由に昼食をとります。
13：00	小講義「診断と介入」 ＊アセスメント「状況の中の人」 　　―グループ活動で起こること②― ◇エクササイズⅤ『相互診断と介入』 　　Ａ：事例検討「状況の中の人」 　　　～Ｂ：データ収集（観察）	※この小講義は，エクササイズⅤに関連づけて説明していきます。 ※エクササイズⅤでは，グループ活動の相互観察を行っていきます。 ※観察グループには，観察に必要な環境と観察シート・観察のポイントなど予備知識も必要です。
14：30 14：40	―休憩― 　　Ｂ：事例検討「同　上」 　　　～Ａ：データ収集（観察）	※ここのエクササイズは，相手グループの話し合いの観察データの収集に終始することになるでしょう。
16：10	データ整理についての説明	※翌日は，相手グループの個別メンバーのデータ収集（面談），診断・介入プログラムの検討，フィードバックの実施

16：40		という流れにするように伝えます。

	4日目	留意事項
9：00	情報収集・介入準備についての説明 ＊基本的なコミュニケーションスキル ◇エクササイズⅥ『わたしの取扱い説明書』 ◇エクササイズⅦ『私のリーダーシップ・スタイル』 　小講義「機能としてのリーダーシップ」 　小講義「効果的なコミュニケーション」	※相手グループの個別メンバーのデータ収集(面談)，診断・介入プログラムの検討，フィードバックの実施という流れで進めていくことを確認(聞き取り)します。 ※エクササイズⅥ，Ⅶの内容は，個別メンバーのデータ収集（面談）用として，相手グループの診断にも有効活用できる旨を伝えておきます。 ※ここからの小講義は，エクササイズⅧのためのものとして，関連づけて説明します。
10：30	―休憩―	
10：40	＊面接の基本的応答技法 　小講義「面接・コミュニケーションのスキル」 　小講義「対話的コミュニケーション基本的態度」 　小講義「聴くことの大切さとそのスキル」 ◇エクササイズⅧ『面談シュミレーション・データの整理』 　～エクササイズⅠからⅦを踏まえて～	※別室を各グループに用意する配慮もします。 ※エクササイズⅧでは，前日行ったグループ活動の観察を踏まえて，個別メンバーのデータ収集（面談）と，診断・介入プログラムの検討を行うように促していきます。
12：10		
	昼　食	個々で自由に昼食をとります。
13：00	小講義「フィードバックの方法」 　　　　「フィードバックの留意点」	※ここの小講義は，エクササイズⅨのためのものとして，関連づけて説明していきます。
14：30		※時間延長が必要な場合は，どの程度までなら許容できるのかを，予め想定しておきます。
14：40	―休憩― 〈エクササイズⅧの再開〉 （発表）グループ活動で起こること③ ◇エクササイズⅨ『介入・フィードバック』 　小講義「人が人を理解すること」 　　　　―感情を伴う・伴わない理解― ◇エクササイズⅩ『コンセンサス実習』 　orコンセンサス実習「ザ・問題解決」	※エクササイズⅨの前に，相手グループの個別メンバーの診断・介入プログラムを検討し，フィードバックの実施に向けた準備を促していきます。 ※エクササイズⅨの実施体制の実際については,それぞれのグループに委ねます。 ※全体の雰囲気も高揚していくと思われます。講師からは，前日の観察からエクササイズⅧ，Ⅸまでの流れを踏まえてコメントをするのが望ましいでしょう。 ※エクササイズⅩは，時間に余裕があれば実施します。希望があれば，国家試験の過去問題（組織運営管理など）から作成したエクササイズ『ザ・問題解決』を提供します。
15：30		
16：10	この研修のふりかえり 　　　　―今後に向けて―	※エンディングを輪になって全員で行います。 ※この4日間の「ふりかえり」を参加者が記入して，全員が発表します。また，今後に役立てる旨を伝えて，記入用紙を回収します。
16：40		

目　次

監修者のことば　i

まえがき　iii

本書を研修で効果的にご活用いただくために　vi

1　むきあう── ことが起きて自分に出会う ……………………………… 2

課題分析のエクササイズ『私が直面する15の課題』　4　　コメント　7

小講義「自分に“むきあう”」　8　　気づきの明確化シート──むきあう──　12

2　気づく── 俯瞰することからみえる ……………………………… 13

個人の気づき（価値の明確化）のエクササイズ『私の仕事と生活の価値観（私マップ）』　16

コメント　21　　小講義「学習の動機づけ」　22

個人の気づき（自己開示）のエクササイズ『私の取扱い説明書』　25

気づきの明確化シート──気づく──　28

3　わかる── 相手の心に伝える ……………………………… 29

対話型のエクササイズ『わかる』　31　　コメント　36

小講義Ⅰ「相手が“わかる”話し方（論理的に伝える）」　37

小講義Ⅱ「相手の心が“わかる”聴き方」　39

小講義Ⅲ「フィードバック　～相手の心に伝えるように～」　41

診断型のエクササイズⅠ『対人コミュニケーションの棚卸し』　43

小講義Ⅳ「相手の心に伝える話し方」　50　　気づきの明確化シート──わかる──　54

4　かかわる── ひとりではリーダーになれない……………………………… 55

診断型のエクササイズⅡ『フォロワーシップのスタイル』　57

小講義Ⅰ「リーダーを支えるフォロワー」　60

相互理解体験のエクササイズ『勇敢なフォロワー』　63　　コメント　68

小講義Ⅱ「フォロワーとリーダーの関係」　69

小講義Ⅲ「フォロワーの思考（戦略的な着眼点）」　72

気づきの明確化シート──かかわる──　75

5 **みとおす**──ことの本質を見抜いていく ……………………………… 76

よくある職場事例のエクササイズ『あおぞら花子さんの職場』 78

小講義Ⅰ「目に見えない職場の構造」 84

診断型のエクササイズⅢ『私のマネジメント・スタイル』 86

小講義Ⅱ「マネジメントの思考スタイル」 88　　小講義Ⅲ「現代マネジメントの姿」 89

組織マネジメント体験のエクササイズ『マネージャ・ゲーム NOW』 91

コメント 98　　小講義Ⅳ「マネージャの姿」 99

気づきの明確化シート──みとおす── 101

章末回答例『あおぞら花子さんの職場』の場合 102

解答を見る前の『あおぞら花子さんの職場』への解説 103

『マネージャ・ゲーム NOW』用語集 104　　ルーブリック 105

6 **協働する**──場をたがやす時を共にする ……………………………… 107

チーム活動体験型のエクササイズ『ダンボール迷路』 108　　コメント 112

小講義Ⅰ「チームビルディング（Team Building）」 113

小講義Ⅱ「グループの何をみるのか」──グループ診断と介入 118

課題解決型のエクササイズ『フォロワーシップを学べ』 121　　コメント 126

小講義Ⅲ「職場づくりとコミュニケーション」 127

気づきの明確化シート──協働する── 130

正解図　エクササイズ『フォロワーシップを学べ』 131

7 **きめる**──直感や感情に支配されずに判断する ……………………… 132

集団意思決定のエクササイズⅠ『いまどきの新入社員』 134　　コメント 140

小講義Ⅰ「集団の意思決定の特徴」 141

小講義Ⅱ「集団の意思決定と職場の活性化」 142

集団意思決定のエクササイズⅡ『集中豪雨だ！　さぁ逃げろ！！』 146

小講義Ⅲ「葛藤について」 152　　気づきの明確化シート──きめる── 156

エクササイズⅠ『いまどきの新入社員』アンケート調査の結果 157

エクササイズⅡ『集中豪雨だ！　さぁ逃げろ！！』正解についての説明 158

引用・参考文献 160

あとがき 164

Off-JT に活用する 人間関係づくりトレーニング

1

むきあう

ことが起きて自分に出会う

　私が独身時代を楽しんでいた頃，上司や親戚から「親のありがたみは，親になってはじめてわかる」と，言われたことがよくありました。おそらく，私が独身貴族のような生活スタイルだったので，誰からも「親の苦労などわからない人だろう」と見えていたのでしょう。当の本人（私）はというと，言われた事が示唆する意味をわかったつもりでいましたが，自分に"むきあう"こともなければ行動を変えることもなく，我が道を行く生活スタイルもそのままの状態でした。その後は縁あって結婚した妻がいて子どもはいませんでした。おそらく，（子どもがいないので）ご近所さんから私の生活（家庭）感を見ると，やっぱり「親の苦労などわからない人だろう」とみられていたように思います。

　しかし，2年前頃から我が家に1人の里子（2013年生まれ）が加わって3人家族になりました。そしてこの頃，「あぁ，親になってはじめてわかるって，こういうことだ」と身に染みて感じたことがあります（まだ，ここでうまく説明できそうにありませんが…）。

　3人家族になった結果として，私の行動変容が今，起こっています。これまでにない行動もする（早く帰宅する，子どもと遊ぶ・散歩する・風呂に入る，子どもの話をする，風呂を掃除する，食器洗いをする etc.）ようになりました。これは，自分のためではなく，自分の時間を子どもや家庭のために使うようになったといえそうな事柄と思うのですが，どうでしょう。

■気づきと"むきあう"

　「親のありがたみ」についてのほんの一部の話題でしたが，この私の例からは，通常の生活や学習経験（他者の助言）だけではなかなか行動は変わらないことがわかると思います。また，"こと"が起きて，いよいよ"むきあう"必要性に迫られてから，気づきが自分に起こることも窺えると思います。「親の苦労などわからない」という話で考えてみると「知らない。わからない。できない。経験がない。どうにかしよう。二度と繰り返したくない」などの感情から気づきが生まれれば，それが自分と"むきあう"ことの始まりだといえそうです。

　このように自分に気づくのは，「ことが起きて」自分に"むきあう"とき。つまり，私の行動変容も「何らかの（特別な）体験が必要になる」というものだったように思います。

　では，その「ことが起きて」とはどのようなものなのでしょうか。ここでは，「ことが起きて」を「人が課題に"むきあう"」という捉え方から考えてみましょう。

■直面する課題を捉える

　私たちは日常生活で「何か・こと」を成し遂げようとして他者とかかわっています。その中で職場や家庭では，コミュニケーション不足や相手に対する不満というつぎの「何か・こと」に"むきあう"ようになります。特に，個人の「集まり」である職場では，頻繁に生じるコ

ミュニケーション（特に人間関係）の問題が生む「何か・こと」にも"むきあう"のですが，これらは全て人間が"むきあう"（直面する）課題といえるものです。

■人間が直面する課題

職場のコミュニケーションに不満があると，協力したくない，やる気をなくす，などの意欲の喪失が起こり，職場に課題を生じさせます。"むきあう"ことなくこの課題を職場が放置すると，人材不足を招き業務への悪影響を及ぼす事態となるでしょう。これは，全国調査（全国社会福祉協議会，2008）で公表された離職理由に，職場の「人間関係やコミュニケーション」への不満が多いことからもいえることです。このような課題を「人間が直面する課題」として捉えなおすと，「技術的な課題」と「適応を要する課題」の2種に分類できます（Heifetz, 1998 幸田訳，1996）。

どのような職場でも「コミュニケーション」と「人間関係」を問うものであれば，すでにある技術で対処できるのか，それとも，すでにある技術を用いても解決できないのか，といった視点から，"むきあう"ことも有用かと思われます。

1）技術的な課題

「技術的な課題」は，解決のためにどのような技術やスキルを習得すべきかが明確な事柄です。屋根の雨漏りや時計の修理，電卓やパソコンの操作ができないという事柄は，訓練して技術を習得すれば基本的に対処できるものです。たとえば，屋根の雨漏りや時計の修理などは，対処すべき課題を調査・分析して原因を特定します。さらに，その後の対処にはどのような技術の習得が必要なのかも確立されていて，課題は解決されていきます。つまり，これらの課題は「自分自身の外側にある」技術やスキルの習得で解決できる事柄です。

2）適応を要する課題

「適応を要する課題」は，新しく技術を習得してもこれまでの思考様式のままでは，直面する課題に対処できない事柄です。これは，既存の思考様式のままで論理的な分析を行っても問題解決できないので，取るべき対策も特定しにくいものです。つまり，自分自身と職場（組織）の思考様式ならびに行動習慣を変容させてから，課題を解決していくことになります。これは人が環境に適応していくことで解決に向かう，自分と職場の価値観を変える「当事者自身も問題の一部である」という状況認識で適応すること（行動習慣の変化）を求める事柄でもあります。

■体験の積み重ね

このように私たちが課題に"むきあう"ときには，普段は印象や直感に迷わず従っていて，自分の直感や好みのだいたいは正しいという「自信」をもっているように思います。しかし，実際にはいつも正しいわけではありません。私たちは，間違っているのに自信たっぷりのときもよくあります。後で詳しく説明しますが，特に，このタイプの異なる2つの課題（特に「適応を要する課題」）を既存の思考様式のまま技術的な手段で対処してしまうと，目指す変化をより悪化させることになります。

自分のことは自分だけでは気づけないため，客観的な第三者のほうが間違いを発見しやすいものです。私たちは，家族や他者との人間関係，社会生活などの体験で，その間違いを見つけてもらいながら「自信」をもちます。したがって，多様な体験の積み重ねによって，どのような目標なら自分が達成できそうなのか（水準），自分がうまく取り組めるのか（力量），他者の目線から測られた結果として，自分に「自信」をもつようになっていくといえそうです。

課題分析の
エクササイズ『私が直面する15の課題』

このエクササイズは，自分が今，「問題（課題）だ」と思っている事柄は，「技術的な課題」か，それとも「適応を要する課題」なのか，を書き出してみるもので，私が「人間が直面する課題（Heifetz, 1998 幸田訳, 1996)」をもとにして作成しました。人それぞれの状況に応じて，さまざまな事柄を検討することになるので，どのような時期でも個人で行うことができます。

エクササイズとは，人間や人間関係などについて学習するために，さまざまな教材を使って実際に何かを体験することです。

▶このエクササイズで学習できること

このエクササイズでは，今の自分が直面している課題を，さまざまな観点から検討していきます。
○今，自分が直面している課題（困難・問題・不安・不満・期待・希望など）の多角的な検討をとおして自分の現状に気づくことができるでしょう。
○自分がものごとに"むきあう"ときの姿勢をふりかえることで，今後の仕事や人生（生き方）を考える機会になるでしょう。

▶エクササイズのすすめ方

このエクササイズの所用時間は60分程度です。

1．個人記入作業のまえに（10分程度）
上記の「このエクササイズで学習できること」を参照して，「人間が直面する課題」（p.3）を読んでから，事柄をどのように捉えるのか，を自分なりに準備しましょう。

2．個人記入作業 その1 （15分）
1）筆記用具を用意して「記入用紙」（p.6）に記入します。
　①個人記入作業は，自分が落ちついて記入しやすい場所で行います。
　②「記入用紙」中の1～15までの数字の右側の空欄に，15項目をすべて記入するようにしましょう（順位ではありません）。
2）「あなた」が今，職場（日常生活）の中で課題（問題に遭遇したり，困難なこと，不安なこと，嫌なこと，あれをしたい，これもしたい）であると思うことを，自分が思うまま，浮かんでくるままの言葉でよいので記入してみましょう。この個人記入作業には正解はありません。特定する事柄や内容の指定もないので，何を記入してもよいのです。また，思い浮かんだことはいくつでも書き足してください。思いつかない場合は書けるところまででよいでしょう。

3．個人記入作業 その2 （15分）
1）さまざまな視点・観点からみていく作業（「記号」をつける）を行います。「記入用紙」の1～15までの数字の左の余白に，つぎのさまざまな観点・視点を順に照らして「記号（影絵）」を書いていきます。

■　直面する事柄の中で，「技術的な課題」であるもの。

▲　直面する事柄の中で，「適応を要する課題」であるもの。

✴　直面する事柄の中で，それを1回するために1万円以上かかるもの。

🐦　他者の協力が欲しい，もしくは他者と一緒にしなければならないもの。

★ それが<u>自分</u>一人でしかできない，または一人でやりたいと思うもの。

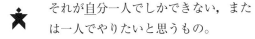 「★」をつけた事柄で，<u>特定</u>の（特別な）人と一緒にすること。

今のままの状態を<u>放置</u>していても，あまり問題がないと思われるもの。

今のままの状態が続いていくと，<u>重大</u>な問題を引き起こすと思うもの。

特に<u>秘密</u>性が求められるもの。

実際に取り組む前に，何らかの<u>計画</u>・手続き（例：予約や会議）があるもの。

実際に取り組む場合，何らかのリスク（冒険）・<u>困難</u>が伴うもの。

<u>今</u>，すぐにでもできると思うもの。

5年後にはこの課題は，<u>解決</u>していると思うもの。

★ あなたが<u>最</u>も大切にしたいと思うもの。

また，記入した各事柄について，特に誰かに相談したいか，課題の解決には誰の力が必要なのか，などといった書き出せるものがあれば，具体的な名前を記入したり，上記以外の視点から検討することもできるでしょう。なお，「<u>記号（影絵）</u>」が使いにくい場合は下線が引いてある字を1文字使用するとよいでしょう。

2）ここまでの全ての作業が終わったところで，じっくりと見直してみましょう。

4．ふりかえりとわかちあい（20分）

1）ふりかえりを行います。「気づきの明確化シート」（p.12）に記入してください。「気づきの明確化シート」とは，各章のエクササイズで気づいたことや感じたこと，何か思いついたことなどを思うままの表現（文字）を書く用紙のことです。

2）1人で記入した人は，p.7のコメントを見て，いろいろ思い起こしてみてください。

3）記入を終えたら（それ以外の場合でも，あなたと同じように「記入用紙」に記号をつけ終えた人がいれば），グループのメンバーでそれぞれが書いたものをわかちあってみてください。わかちあう方法は，互いに交換して見せ合う，または自分が書いたものを順番に読み上げる方法がよいでしょう。お互いのことを知る機会になると思います。ただし，気乗りしない人は無理して参加しなくてもよいでしょう。グループが複数あれば，各グループから，おおよその話題を発表し合うのもよいでしょう。

5．コメント・小講義

上記までの取り組みをひととおり終えたら，このエクササイズで学んだことに関連する「コメント」や「小講義」を読んで，学習をすすめてください。なお，この章に掲載しなかった「小講義」を紹介しますので，参考にしてください。

・小講義Ⅰ「自分に気づくこと」星野欣生（著）『職場の人間関係づくりトレーニング』（2007，金子書房）
・小講義Ⅱ「気づきのメカニズム」星野欣生（著）『職場の人間関係づくりトレーニング』（2007，金子書房）
・小講義「気づくとは」津村俊充・星野欣生（編）『実践　人間関係づくりファシリテーション』（2013，金子書房）

『私が直面する15の課題』（記入用紙）

1.

2.

3.

4.

5.

6.

7.

8.

9.

10.

11.

12.

13.

14.

15.

コメント

エクササイズ『私が直面する15の課題』は，いかがでしたか。課題をいくつか書いていくうちに，いろいろなことが思い浮かんできた人もいると思います。

このエクササイズでは，今の自分が"むきあう"課題を書き出して，それが「技術的な課題」か「適応を要する課題」なのか，それらがどのようなことなのかをいくつかの視点から検討してみるものでした。そして今，自分が「最も大切にしたい」と思うものを選んで，どのような背景がこれらにあるのかを考えたときに，自分の価値観が明らかになってきたのではないかと思います。たとえば，それらに共通していたことが「消極的になっている自分がいた」ということだったとすれば，これから大切にするのは「挑戦する，行動する」という考え方であり，その基準が見えてきたことでしょう。

私が大学で担当する授業でやってみた学生たちがつぎのようなレポートを書いています。

○圧倒的に「適応を要する課題」が多かった。また，希望や不安も多かったので，今我慢していることが多い自分に気づいた。

○課題を書き出してみて，問題を感じていても，解決しようとする努力が全然ないことを思い知らされた。どのように解決するのがよいのかを考える機会にもなった。

○計画的に取り組む必要がある課題が多かった。特に，大切にしたいことが「適応を要する課題」で，どうすればよいのかを考えてから取り組めば達成できるものでした。

○普段はあまり考えようとしなかったことを考える機会になった。新たな発見や自分の大切な価値観をみつめることができた。

このエクササイズは，自分自身で現実を率直に記入するところから始めて，それが価値観につながっていることを考えようとするものです。日常生活の中でもこのような視点で自分をみつめることが望まれるでしょう。

もしも「職場のコミュニケーション」について「直面する課題」があれば，その課題と帰属の問題，協働性を職場に創生していくための対処，着眼点などを後述していますので参考にしてください。

■価値観について

価値観とは，ひと言でいうと"ものの考え方や判断の基準"になるものです。

それは，その人の成長過程で周囲（かかわってきた人や集団）から影響を受けて形成されてきたもので，人それぞれ異なっています。

私たちは，「異なっている」ことを，お互いに大切にしなければなりません。人が人を理解すること，相互にかかわり合うことは，お互いに違うことを認め受け容れ合うということです。これは，決して考えが同じになることではありません。お互いの違いを認め，受け容れ合うことから相互理解が生まれ，価値観の異なっている人と共に生活することが可能になるのです。

自分がどのような価値観をもっているのかは，日常生活の中で何らかの選択に迫られたときに表面化します。その時々に気づくことがあったなら，しっかり"むきあう"ことが大切でしょう。

小講義　自分に"むきあう"

この章では，私の例もあげて「自分に"むきあう"」こと，「人間が直面する課題に"むきあう"」ための導入として，いくつかの事柄を説明してきました。その後，エクササイズでは『私が直面する15の課題』に取り組みました。またコメントでは，学生たちの声も紹介しましたがいかがだったでしょうか。自分に"むきあう"こと，それは，私たちにとって，どのようなことなのでしょうか。

ここでは，もう少し自分に"むきあう"ことに関連するいくつかの考え方を説明します。それでは，自分の「能力の客観的判断」と「頭の中で起こること」などが私たちの判断や行動にどのようにつながっていくのかについて考えてみましょう。

■能力の客観的判断

アメリカ・コーネル大学のデビッド・ダニングとその弟子であるジャスティン・クルーガー教授は，自分の能力を客観視できないことを「能力の低い人は，自分の無能さを認識できず，自己を実際よりも高く評価する（自信に満ちて見える）」と説明した論文を発表しました。このダニング＝クルーガー効果と呼ばれる研究（イグノーベル賞2000年心理学賞）には，つぎの4つの仮説が示されていました。

・無能な人々は，自分のスキルのレベルを過大評価する傾向がある。
・無能な人々は，他者がもっているスキルを正しく認識できない。
・無能な人々は，自分の無能さがどれほどのものかを認識できない。
・こうした人々も，本質的にスキルが向上するような訓練が施されれば，それまでのスキル不足に気づき，それを認めるようになる。

この仮説は彼らの実験結果でほぼ証明され，テストで落第点を取る大学生は，自分の答案はもっと高い点数に値すると考える傾向があり，また実力が劣っている人（医学生，そして運転免許証の更新に臨む高齢者など）ほど，自分の力量を過大評価することがあると報告されています。発表者（ダニングとクルーガー）はある特定のスキルに関して，能力のない人は「自らのスキルの欠如」，「他者の本物のスキル」，「自らのスキル不足の程度」を認識できないことを報告しています。

心理学の分野では，この現象は「未熟あるいは能力の低い個人が，自らの発言・行動や容姿などを実際よりも高く評価してしまう認知バイアスのこと」として，自らの「愚かしさ」の認識ができないこと，このメタ認知（公正・冷静な「ふりかえり」）ができないことによって生じること，と説明されています。

■誤った情報や知識の罠（わな）

こうした現象は「無知」というよりも，「誤った情報や知識」の捉え方に起因すると考えられます。自分の力を知らないから「過大評価する」のではなく，知らないことは「恥じること」という情報をもっていて，その場では「嘘でも応じることが正しい行い」という知識をもっているということです。よく知らないことをすべて知っているように話をして，それに対して突っ込まれ，墓穴を掘ってもまったく気にしないで更に嘘をつく。どのようなことでも詳しいという態度をみせるから頼ってみると，まったく役に立たない。それを当人に指摘したところで，まったく反省しないし，責めるこちらに「非がある」とばかりに逆切れする人もいるようで周囲の人も気疲れしています。

もし職場の身近な人の態度に"イラッとする"似たようなことがあるなら，どのような状況なのかイメージできたことでしょう。また，「そういうタイプの人よくいるな」と思った人は，注意信号の点滅です。それは，4つの仮説が正しければ，自分は間違っていないと思うことが罠にはまった合図だと考えられるからです。もしかすると，私たちは皆，自分の能力を正確に把握できないのかもしれません。そのため，このような罠の中にいるのかどうか，事あるごとに自分の現状に"むきあう"ことを繰り返すとよいかもしれません。

■慎重な判断と謙虚に学ぶ姿勢

私が社会人（地方公務員）になりたての頃は，知らないことばかりでした。しかし，困りごとを抱えて役所を訪れた市民と"むきあう"ときは，なかなか「知らない」とは言い難く，そんな窓口対応と"むきあう"ことが多くありました。このようなときは，「知らない」と言えない状況の中で起こる現象の罠に嵌まらないために自分と"むきあう"こと，これをどのようにすればよいのかを考えてみましょう。

1つは，常に自分のなかに「あえて反論するもうひとりの自分」をもつことが効果的だと考えられます。それは，「能力のない人ほど自信にあふれ，真の実力がある人ほど自分の能力に疑いを抱いて悩む」という「バイアス」の罠から出るためです。したがって，今の自分以外の思考をもつというシンプルな捉え方で"むきあう"のがよいと思います。

簡潔にまとめると，「慎重に判断する」，「謙虚に学ぶ姿勢をもつ」，「情報，知識を集めて十分に備える」，「努力を積み重ねる」ことをいつも自問するということが大切だと思います。これを参考に，自分と"むきあう"機会をもつ，言い換えれば，自分のことをより知るように心がけるとよいでしょう。

■頭の中で起こること

もう1つ重要なことは，どのような人との関係でも，人の頭の中で「何が起こっているのか」を理解していく必要があるということです。「何が起こっているのか」というのは，自分の頭の中で何が起こってどのように進行しているのか，また，それが行動にどのような影響を与えるのか，ということの理解です。そこで，このような複雑な人の頭の中を捉えやすく単純化したモデルを紹介します（図1-1）。この図は，私たちの内面では，観察（Observation）して，観察したものに情緒的に反応し（Reaction），観察と感情に基づいて分析・処理・判断を下し（Judgment），そして，何かをするために行動・介入する（Intervention），という継続的な流れが起こることを示したものです。現実的には，このように単純で論理的な順序で内的プロセスは起こりませんが，行動・介入をより効果的なものにするためには，とても参考になるものです。

概略は，つぎのような説明になります。

観察：私たちは，自分が見えていることを考えたり話したりするのではなく，自分が考えたり話したりできるものを見ています。受動的に情報を得ているのではなく，限られた情報の中から自分が必要とするもの知覚したものを自分の願望や欲求によって選びます。五感を駆使して正確な把握に努めましょう。

反応：自分の感情的反応で最も難しいことは，自分で自分の感情に全然気づかないことが多いことです。自覚できない感情の力は，抑えることも上手く扱うこともできません。特に，感情に気づかないときは，その感情が判断に及ぼした影響にも全然気がつかないことになるので，感情を認識する方法と付き合い方を見つけることが大切です。

判断：行動する前の分析能力は，複雑な行動を計画し，行動を続けていくことを可能にします。データを誤って認識したり，感情によって

歪められると，無意識のうちに思考が自分の情緒的な反応に偏るので，現実をしっかり捉えた分析・判断とはいえません。

　行動・介入：何かを判断した人は，行動します。しかし，衝動的な行動のときは注意が必要です。それは初めの観察に対する自分の感情的な反応を信用しすぎているからです。どのような自分の言動も，他者に対する結果を伴う介入ですから，偽りのない好奇心や関心をもつこと，謙虚な姿勢で尋ねながら確認する（合理的に判断する）習慣が大切だと思います。

■現実で起こっていること

　無意識に偏ってしまう自分だけの思考で現実を捉えると，誰かが感情的に行動した場合に，我々が認識している論理的な状況の中では，その人が不適切に行動したと受け止めてしまいます。しかし，図の流れでみると，その行動が起こしていた（不適切だとされる）ことは，行動が合理的ではなかったとは捉えません。それは，その人が何かを観察し，最初の不正確な観察の結果に基づいて行動したことがわかるからです。このように，現実でその人側に起こることには，誤認（早まった判断，期待，防衛，勘違い），

不適確な情緒的反応，不正確なデータに基づいた分析・判断，そして，不適切なデータに基づいた行動（＝介入：この時点の判断が実は誤っている）があることを知っておきましょう。

　エドガー・H・シャイン（1998 稲葉・尾川訳，2012）は著書の中でつぎのように提案しています。

1）自分自身の中で，観察・反応・判断・行動（介入）への衝動を見分けられるようになること。

2）これらそれぞれのプロセスを扱うときの目標に，自分の中にある偏向を見極めること。

　これは，人の頭の中で「何が起きているのか」の問いには，「誤認」の基になる可能性のあるもの，自分の情緒的反応の「偏り」，そして自分の判断と論理に潜む「文化的仮定」，の3種の状況を見極めることが最重要課題だと知っておくことが大切だという考えです。

■行動を決める（自信をもつ）要因

　一般的に私たちが「自信」があると思うのは，行動を起こす前に「これだったらできそうだ」という気持ちや，「ここまでならできるだろう」という考え（状態）のときです。これは「自己

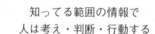

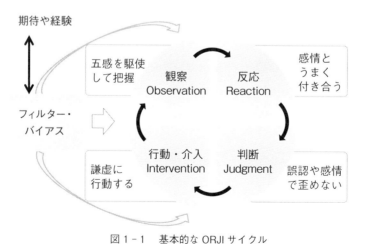

図1-1　基本的な ORJI サイクル

Schein, E. H. 稲葉・尾川訳（2012）を参考に筆者が作成

効力感」と呼ばれるものです。また，人が行動するときには，「自分のある行動がどのような結果をだすのかということ（結果予期）」と，「ある結果をだすために必要な行動をどの程度自分が上手くできるのかということ（効力予期）」を見通してから，つぎの行動を決めます（図1-2）。効力予期の認識の程度が「自己効力感（自信）がある」状態の程度を示すと考えられています（Bandura, 1985）。

■行動を変える要因

これからどのように行動すればよい結果（結果予期）になるのかを知っていても，「今，自分がどの程度の行動ならできる」という「効果予期（自信）」がなければ，その行動は達成（実行）されません。

これを仕事の場面でたとえてみると，過去に達成した高度な（または大量の）目標達成が見込めても，本人（担当者）が「達成できない，無理だ」と思うことで，上手くいくような事もできなくなります。

■自信の源

これまでの説明からもわかるように，「自己効力感」は自然発生的には生まれません。では，「自信」はどのように獲得できるのでしょうか。バンデューラ（Bandura, 1977）は「自己効力感」の変化の源（みなもと）につぎの4つをあげています。

① 成功体験（遂行行動の達成）
　目標をもって参加（成功）する体験から達成感をもつこと。
② 他者の行動観察（モデリング）
　「あの人にできるなら，私もできるだろう」と思える代理的体験を見つけること。
③ 他者の承認（とグループ学習）
　他者（特に，専門家，上司）の承認（高評価）や，数人で励まし合って活動すること。
④ 変化を認識する（リラクゼーション）
　自分でリラックスして「この状態ならできる」という自覚をもつこと。

これらのうち最も強力な源は成功体験です。しかし，それを単純に捉えてしまうと，先に述べた罠に嵌まる可能性が高まります。そうならないためには，他者の目線（行動観察や承認・評価）が必要です。そして，「今の自分の状態ならできる／できない」という自覚をもつ。というように考えてみると，①～④のどれか1つの源さえあればよいと捉えるのは早計だということになります。

本書のエクササイズは，一度体験すればよいと捉えないようにしましょう。それは本書の活用機会（体験）を幾度も積み重ねること，体験から学ぶより多くの機会をもつことが，これまでにない源を得るきっかけになると考えられるからです。

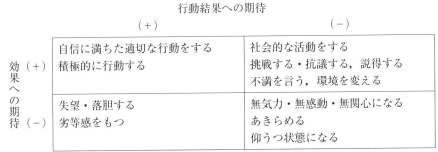

行動結果への期待

		(＋)	(－)
効果への期待	(＋)	自信に満ちた適切な行動をする 積極的に行動する	社会的な活動をする 挑戦する・抗議する，説得する 不満を言う，環境を変える
	(－)	失望・落胆する 劣等感をもつ	無気力・無感動・無関心になる あきらめる 仰うつ状態になる

図1-2　行動を規定する結果予期と効果予期の組み合わせ
Bandura（1985）を参考に筆者が一部改変して作成

気づきの明確化シート　──むきあう──

1. 『私が直面する15の課題』記入用紙を見ながら，記入して気づいたことを，思いつくまま記入（箇条書き）してみましょう。

2. そのような事柄の特徴に影響したと考えられることで，思いつくことがあればいくつか記入してみましょう。

3. これからもう少し大切にしていきたいことがあれば，記入してみましょう。

4. この章で「むきあう」ということについて，気づいたこと，学んだことは。

5. その他，気づいたこと，感じたことを自由に記入してみましょう。

2

気づく

<ruby>俯瞰<rt>ふかん</rt></ruby>することからみえる

■自分の取扱い（マネジメント）

　私たちは仕事や生活の中で，どのようにして自分に"気づく"のでしょうか。あなたは，自分を「取扱っていて」他者からどのような「私の取扱い（自分の「マネジメント」）」を期待していますか。そして，望ましい「私の取扱い」方法があるなら何を伝えますか。ここでは，それらに"気づく"きっかけを，2つの寓話（ぐうわ）からヒントを得てみましょう。

　つぎの2つの寓話を読んで得られる教訓を，あなたなりに「教訓メモ」に自由に書いてみましょう。書き終えたらp.14にある教訓を参考にしながら読み進めてください。

「恋するライオン」
　ライオンが農夫の娘に惚れて，求婚した。農夫は獣に娘をやるわけにはいかず，さりとて恐ろしくて否とも言えずに，一計を案じた。
　しきりにせっつかれて農夫が言うには，ライオンは娘の婿がねにふさわしい，しかしながら，牙を抜き爪を切り捨てぬ限り嫁にやることはできぬ，娘っこにはそれが恐いのだから，と。
　ライオンが惚れた弱みで両方の条件を呑むや，農夫は相手をなめてかかり，近寄って来るのを棍棒で叩きのめし，追っ払ってしまった。
（抜粋）：中務哲郎訳 1999『イソップ寓話集』岩波書店

「<ruby>鷲<rt>わし</rt></ruby>と<ruby>黒丸烏<rt>こくまるがらす</rt></ruby>と羊飼」
　鷲が高い岩場から舞い降りて、仔羊をひっさらった。これを見ていた黒丸烏君、なにくそ自分も真似をしてやれ、とばかり、<ruby>羽根音<rt>はねおと</rt></ruby>高く急降下して、襲いかかったのは一人前の牡羊。
　ところが、房々とした毛に爪が食いこみ、引き抜くこともできぬまま羽根をばたつかせているうち、とうとう羊飼が気づいて、走り寄るなりつかまえてしまった。
　羊飼は鳥の<ruby>風切<rt>かざき</rt></ruby>り羽根を切っておき、夕方になると、子供への土産に持ち帰った。そして、これは一体何の鳥、と訊かれて、羊飼の答えるには、
　「わしの見るところ、間違いなく黒丸烏、しかしこいつは、鷲のつもりだ」
（抜粋）：中務哲郎訳 1999『イソップ寓話集』岩波書店

【教訓メモ】

_____
_____
_____
_____
_____
_____

_____
_____
_____
_____
_____
_____

【「恋するライオン」の教訓】

　他人の言葉をたやすく信じて，自分の優れたところを捨てた者は，やがて，それまで怯えていた連中にも，軽蔑され簡単にやられてしまう無残な結果になってしまいます。

　第1章（p.3）でも述べましたが私たちは，普段は特に迷わず印象や直感に従っていて，自分の直感や好みのだいたいは正しいという自信をもっています。しかしいつも正しいわけではありません。私たちは，間違っていながら自信たっぷりの自分に"気づく"ときもよくあるのです。客観的な第三者なら当人よりも発見しやすいと思います。

　自分の力量に"気づく"その心得の大切さは，つぎの寓話でも教訓が伝えられています。

【「鷲と黒丸烏と羊飼」の教訓】

　この話の教訓は「人まねも簡単ではない（自分を過信しないこと）」とされています。

　失敗の原因は，烏が成功できる要因を正しくつかんでいなかった，成功した鷲の行動を正確に再現できなかった，という過信が起こしたことでした。おそらく，羨ましくなって「自分にもできる…。」と思った烏は，自分の力量以上の鷲と襲う相手も方法も同じで行動を再現しようとした事で陥った大失態です。

　私も若い頃に，友人の成功を見て真似してみたいと思ったことがあります。スキー場のコブ斜面を頂上から直滑降で滑る友人と同じように真似てみて，無残な失敗をしてレスキュー隊と救急車のお世話になる嵌めになりました。私には成功する力量がない（コブ斜面を頂上から直滑降で滑る技術がない），自分の技術・力量がどの程度のことなら通用するのかという「私の取扱い」の見極め能力を欠く無謀な行動だったのです。

　ここではもう少し，自分に"気づく"「自分の力と"むきあう"と…」という側面から考えてみましょう。

■能力の認識と評価

　どのような知識や経験があったとしても，人間は万能ではありません。何かの領域では，能力的に多かれ少なかれ，劣っているところがあるものです。しかし，「自分は何でも知っている」というとても自信がある態度で「嘘のこと」を話す人が身近にいたとしたら，どうでしょう。特に，このような人は，自分の能力が劣っていることに狼狽したり困惑しないどころか，むしろ，過剰さを感じるほどの自信に満ちあふれることもあるようで，困ったものです。このように自分のことを自分で把握できない（メタ認知できない）人は，自らを過大評価しているといえます。もしかすると，私たちは，自分の無知を隠そうとしたり，すぐに「知らない」と答えたくないときには，サービス精神を出したくなる習性もあるのかもしれません。

　これは，どのようなことなのでしょうか。ここで"できる"かどうかに"むきあう"ことについて，具体的に私の「能力（できる）」の例を述べますので，考えていくきっかけにしましょう。

　私の仕事の1つに，学生たちの卒業論文の書き方指導があります。この指導のためには，まず私が所属する学会の論文の書き方そのものを詳しく知っている必要があります。また，どの程度の指導ならできるのか，つまり，「自分が論文の書き方をどの程度知っているかを認識する」ためには，書き方そのものを認識する能力に長けている必要があります。さらに，この能力をもつ人ならば，自分ができる書き方を詳しく把握しているので，自分ができない書き方，たとえば，他の学会の論文の書き方ができないことを把握できます。

　しかし，私に専門外である理系の論文指導をしなさいという要請だったり，そもそも論文を書くことがない人は能力をもたないので，どの程度のことが自分にできるのか，できないのかの区別ができません。つまり，そもそも認識で

きないので，自分の能力を客観的に判断することができないのです。

■自分のマネジメント

読者の皆さんは，仕事の仕方に正しい方法があると思いますか。この仕事の仕方も自分に"むきあう"し，自分をマネジメントすることの1つです。ここでは，あなたが仕事や生活をしていく上で，どのように自分をマネジメントするのかについても考えてみましょう。

■仕事はやり易く

私の仕事は，北海道にある藤女子大学の専任教員・研究者としての教育・研究・大学運営や社会貢献活動です。しかし，他の教員たちの仕事（特別な役職によるものを除く）が私と同じだとしても，仕事の仕方まで同じだとは思えません。基本があるという話なら別なのですが，実際の仕事の仕方は，それぞれで，自分なりにやり易く取り組んでいるように思います。仕事の仕方も個性が違うという人となりなのでしょうか。

■仕事の仕方と適性

個性も，人それぞれですから，仕事の覚え（学び）方，仕事を理解するスタイルなどもそれぞれです。その1つとして仕事を「書く」ことで覚える人と，実際に「する」ことで覚える人がいます。また，他者と一緒に仕事をする，1人で仕事をする，大きな組織に向いている，小さな組織が向いている，という個人の適性もあります。他者と組む場合では，意思決定者と補佐役のどちらが自分の適性に合うのか。有能な補佐役でも，実際には優柔不断で責任者として向かない人，その逆の人もいるでしょう。これら全てを，あまり気にしない人もいるかもしれませんが，仕事の覚え方や適性も人によって得意・不得意があるのも事実です。

■仕事の仕方と価値観

職場では，他者との価値観の違いを感じたり，自分の仕事と職場が目指すこと（価値観）のズレを感じることもあります。職場で他者とかかわりながら活動していると，時折このズレが気になることがあると思います。たとえば，「私的充実感，自己実現，楽しみ，報酬（お金），社会貢献，スキルアップ，信頼，名誉・誇り」など，人それぞれの違い（価値観）が思いつくでしょう。また，仕事を人生の中心にする人もいれば，あくまで生活費を得る手段が仕事で，趣味が中心の人もいます。自分の仕事の仕方とともに，このような価値観を知っておくことも，自分をマネジメントする道筋には不可欠だと考えられます。

■"むきあう"という客観的把握

このように捉えてみると，"できる"という基準も曖昧（あいまい）でひと言では表現し難いこともあります。そのため自分の能力と"むきあう"という客観的把握は，意外と有用なことのように思います。

それでは，あなたが自分のできること（能力）を客観的に判断することから始めてみましょう。以降のページから，この章のエクササイズとして，まず，仕事や生活で大切にしたい自分の考え方や生き方などの「スタイル」や「価値観」を自分なりに捉えてみます。つぎに，「自分の取扱い」について考えていきます。これまで考えたこともないような自分に"気づく"，望ましい自分の姿が"見えてくる"こともあるでしょう。特に，自分はどのようなことを「大切にしたい（価値観）」と思っていたのかに気づくことで，これまでと異なった捉え方を考えはじめる機会にもなると思います。

良い悪いではなく，あるがままの自分に"気づく"ことから始めてみましょう。

エクササイズ『私の仕事と生活の価値観（私マップ）』

　このエクササイズは，自分の仕事と生活の“価値観”はどのようなものなのか，を考えていくもので，個人で行うことができます。

　このエクササイズは，「仕事と個人の生活両面に関する“価値”（Senge, 1994 柴田・スコラ・コンサルタント監訳 牧野訳, 2003）」に掲載されている用語を活用しますが，「私マップづくり（『職場の人間関係づくりトレーニング』星野, 2007）」を参考に作成したものです。

▶このエクササイズで学習できること

　自分の価値観（どのような考えで，どのように働いて・活動しているのか）を知ることは，「人間関係づくり」に大きな意味があります。
○自分がどのような価値観を大切にしているのかを知ることができます。
○自分の「生活スタイル・働き方」をどのようにマネジメントしていくのかを検討していきます。
○自分のものを他のメンバーに伝えることで，お互いを知りあう機会になるでしょう。

▶このエクササイズをするために用意するもの

　あらかじめ，つぎのものを準備してから，エクササイズに取り組んでください。
・「私の仕事と生活の価値観（私マップ）」（p.18）を，Ｂ４サイズの用紙の大きさに拡大コピーしたものを人数分。
・筆記用具（クレヨンまたは色鉛筆を複数色），のり，はさみをそれぞれ人数分。
・「用語集」（p.19）の原寸サイズのコピーを人数分。

▶エクササイズのすすめ方

　このエクササイズの所用時間は50分です。比較的自由に作業しやすい場を確保して行うとよいでしょう。

1．用語集の用語の切り取り（15分程度）
1）「私の仕事と生活の価値観（私マップ）用語集」に記載されていないもので，日常（職場）でのあなたの態度，行動の仕方やものの考え方（心構え）の特徴など思いつく（他者から時々言われることなども付け加える）ことがあれば，用語集の空欄に記入してください。
2）記入が終わったら，用語集から用語を点線に沿って20個くらい切り取ります（はさみを使わずに，手でちぎるのも可）。自分なりの形や大きさがあっても個性的でよいでしょう。用語の選び方は，「価値ある生き方」，「どのように行動するべきか」ということや，自分が「大切だと思うもの（あなたの態度，行動の仕方やものの考え方など）」を選ぶようにします。

2．「私の仕事と生活の価値観（私マップ）」作成（15分程度）
1）自分の前に「私の仕事と生活の価値観（私マップ）」をおいて，用紙の中央部の円のなかに自分の名前やニックネームあるいは「私」と書き込んでください。
2）用語集から切り取った用語を，次の事に留意して「私マップ」に仮置きしていきます。
　＊用語同士の関連も考えて配置を決めていきます。たとえば，自分の近くに置いたり，

よく似たものを並べるなど。中央の「私」とそれぞれの用語の距離や位置（近くか，遠くか）の関係を考えながら配置します。

＊用語を配置している作業中に，新しい用語が思い浮かんできたら，用紙に書き加えて切り取ってから同じように仮置きします。

3）それぞれの用語の位置が決まったら，のりで貼り付けます。

4）用語を貼り終えたら，自分が「最も大切にしたいこと」を5つ選んで，色鉛筆などで好きな色を塗ります。

5）他の用語については，特に決まった色塗りの仕方はありません。分類の基準や色の塗り方なども自由ですので，思いのままに色を塗ってください。たとえば，思いつくままの色を塗ってもよいですし，よく似た用語や状況ごとに区別するため，枠を色で囲ってもよいでしょう。

3．「私の仕事と生活の価値観（私マップ）」の検討（1人で実施したとき）（10分程度）

1）完成した「私マップ」を見て，感想や気づいたことがあれば何かにメモしたり，レポートを書いてみるのもよいでしょう。

2）そうした上で，もう一度色鉛筆を持って，もう少し自分に近づけたい用語は「私」に向けて，遠ざけたい用語は外側に向けて矢印を書いてください。

これからの自分は「こうありたいという姿」を考える機会になると思います。

4．「私の仕事と生活の価値観（私マップ）」の検討（複数名で実施したとき）（10分程度）

職場の Off-JT などで実施した場合では，数名のグループになってお互いに見せ合ったり，それぞれが自分について語ったり，メンバーからコメントをもらうとよいでしょう。その上で，1人のときと同じように矢印を書いてみましょう。

5．ふりかえり，わかちあい（10分程度）

プロセスシート（p.20）に気づいたことなどを記入して，わかちあいを行います。

6．コメント・小講義

上記の取り組みをひととおり終えたら，このエクササイズで学んだことに関連する「コメント」や「小講義」を読んで，学習をすすめてください。なお，下記の「小講義」については本書に掲載しておりませんが，これからの参考にするとよいでしょう。

・小講義「価値観が人間関係に落としている光と影」星野欣生（著）『人間関係づくりトレーニング』（2003，金子書房）
・小講義「体験から気づき，学び，こころみる」津村俊充・星野欣生（編）『実践　人間関係づくりファシリテーション』（2013，金子書房）

『私の仕事と生活の価値観（私マップ）』

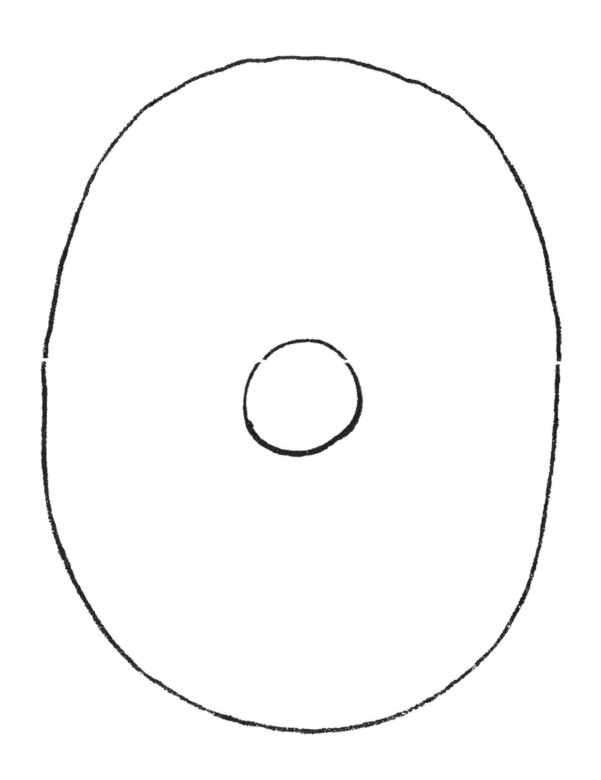

『私の仕事と生活の価値観（私マップ）』用語集

愛　情	家庭をもつ	仕事の安定性	仕事の質
安　全	オープンな	効果的な	協力する
満たされた	落ち着き	効率的な	権威・権力
省エネ意識	お金・富	得ること	経済的安定
人間力	コミュニティ	スピーディ	困難な課題
礼　儀	参　加	場　所	評判・名誉
決断力	時間的自由	誠実さ・堅実さ	手際の良さ
忠実さ	自己の尊重	準備性	意味あること
道徳的に	公共性・公平性	成長する	責任ある
平和的に	民主的な	活動的な	ひとりで
自然体	ボランティア	専門的な	人間関係の質
内的調和	人助け・貢献	自己効力感	社会的地位
親密な関係	お互いさま	創造性	達成感
純粋さ	他者とともに	卓越性	緊張感
正直さ	配慮ある	洞察力・思慮深さ	チャレンジ精神
プライバシー	秩序ある	多様性・汎用性	昇進・昇格
芸術的な	知識・教養	有効性	他者からの承認
真　実	フォロワーシップ	カリスマ性	リーダーシップ

『私の仕事と生活の価値観（私マップ）』プロセスシート

このエクササイズをとおして

１．自分の私マップにある事柄から気づいたこと，感じたこと

２．他者の私マップを見たり話を聞いて気づいたこと，感じたこと

３．その他，気づいたこと，感じたことなど

コメント

さて，どのような「私マップ」が完成したでしょうか。

普段の仕事や生活で，今の自分がどのような価値観をもっているのか（大切にしたいのか）をみつめることで，見えてくることがあったのではないでしょうか。しかし，これらは少しの時間をおくことで変化するものです。特に，住む家や場所，一緒に働く人や暮らす人，自分の健康状態が変わると，人生の目的や仕事の質，人間関係なども変化することがあります。そのためにも，仕事や生活する上での目的や方向性をこの機会に意識しておくと，何かのヒントが得られるように思います（このエクササイズは毎年定期的に，たとえば自分の誕生日などに取り組んでみることをお勧めします）。

この「私マップ」は，今の自分の価値観を自分がどのように捉えているのかを現したものです。まず，あるがままの自分を見つめてみることになったと思います。私たちはすぐに，自分のダメなことを気にしたり，反省点を捉えて評価的に見てしまいがちです。しかしそうではなくて，まずは自分をそのまま受け入れることがとても大切だと思います。特に，良い・悪いなど評価的判断をしないことです。何かの評価基準を決めて良い悪いもいえるでしょうが，人の態度や行動の仕方には，誰にでも共通するような基準などないと思います。

また，ある状況の中で自分がどう考え行動するのか，相手との関係のあり方に関しても参考になるので，まずこの「私マップ」を見ながら，今の自分が「大切にしたいと考えていること（価値観）」について，今からレポートを書いてみるのもよいと思います。この自分の価値観について文章にする過程では，これまであまり意識してこなかったことや新しい自分を発見することもあるかもしれません。

また，仲間と取り組んだ場合には，お互いに「私マップ」を見せ合いながら，今の自分の価値観を語り合ってみるとよいと思います。そしてそれを聞いた後に，お互いに相手に対する思いや，日常で自分に映っている相手の姿を伝えてあげると，自己理解をもっと深めることができるとともに，お互いの理解をより一層深める機会になると思います。

以前にこのエクササイズを実施した経験のある方は，今回と比較してみてください。前回からどれだけ前進したのかを確かめることができます。その場合は，自分が把握した分だけ祝福するとよいでしょう。重要なことは，自分の「失敗を見てみる」とか「こんなに上手くやったのだ」と自分に"活"を入れることではありません。単純に自分が「大切にしたいことを，今の自分の価値観の一部として見て，その現状がどうなのかを捉える」ことが大切です。年数（このエクササイズの回数）を重ねるにつれて，自分の「大切にしたいこと（価値観）」に対する見方を変える必要性にも気づくことがあり，自分が望むもの・ことの理解が徐々に洗練されていくことにもなるでしょう。

小講義　学習の動機づけ

　この章では，私たちが仕事や生活の中でどのように自分に"気づく"のかについて，寓話を読んでからエクササイズに取り組んでみましたが，いかがだったでしょうか。ここでは，今の自分に"気づく"こと，これを単なる"気づき"で終わらせないために，「学習の動機づけ」からヒントを探り，つぎの成長へのステップを考えてみましょう。

　働く人が学習しようと思うためには，実利的な動機づけが必要です。たとえば，「仕事ができる人になりたい」，「イベントを成功させたい」，「成績を上げたい」という動機です。人はこの動機による目的を達成するために学習しようと思うのです。つまり，学習をするのに最適であるための実利的な目的（ビジョン）の設定が，職場（学校）全体を動機づける重要条件だといえるでしょう。

　人は動機づけされると，自律的に学習する「やる気のスイッチ」が入って，質の高いパフォーマンスを発揮します。上司から「この○○をやりなさい」と命令されたら，部下の仕事は「この○○を遂行する」しかありません。このようなトップダウンの指示・命令だけでは，個人の発想や応用力も発揮しにくいものです。

　自律的であるためには，上司から部下に問いかけることが重要です。たとえば，「この○○を成功させたいが，どうすれば良いか？」と問いかけるだけで，部下には「この○○を成功させる」ための自由な発想と質の高い「リフレクション（内省）」が生まれます。

　この「リフレクション」は，自分の体験の「ふりかえり」をとおしてこれまでの出来事の客観的な真相を探ったり，その体験における自分のあり方を見つめ今後に有用な「知」を見出す方法です。その結果，自発的かつ主体的に行動するようになるというものです。本書は「ふりかえり」を学習サイクルの中心に置くラボラトリー方式の体験学習の実践テキストです。

■体験学習と「ふりかえり」

　本書では，掲載されたエクササイズを個人，二者，あるいはグループで取り組んだ後に，「ふりかえり」を行います。「ふりかえり」は，図2-1に示すサイクルの中の「指摘」，「分析」，「仮説化」を指します。また，「ふりかえり」には3つのステップがあります。1人で「プロセスシート」に記入する（個人的内省），記入したことをグループ内で発表する（わかちあい），グループの様子・学びを伝え合う（全体わかちあい）というステップです。

　体験を単なる「体験」に終わらせないためには，「ふりかえり」が必要不可欠です。なぜなら，どのような気づきや学びがあったかを確認したり，共有したりすることで学びが深まるからです。たとえば，「エクササイズ」に取り組んでみたが，与えられた課題や成果（例：「正解・不正解」，「できた・できない」など）が思わしくなかった（体験）。エクササイズでは，どのようなことが起こっていたか（指摘）。どうしてそのようなことが起こったのか（分析）。それを踏まえて，つぎにどうするか（仮説）という流れです。さらに，小講義を活用して分析や仮説化に活かすこと，これまでのステップを研修や授業の最後に客観的な記述（学習ジャーナル）を行って終了します。

　大切なのは，エクササイズをとおして，参加者が「うまくいかなかった。失敗した。難しい」と思ったことから，どのようなことに気づいたのか，何を学んだのかについて，本人が自ら得るべきことを獲得して成長することです。

表 2-1　目標設定の条件

〈個人〉		〈集団〉	
具体的な表現	実行可能性	メンバーによる目標の受容	メンバーの意思・個性の尊重
達成期限の設定	失敗の取り返し・可能性	目標の相互理解	
実践状況の確認・可能性	目標達成時のイメージ	メンバーの相互援助	

■目標設定の条件

　働く者に必要な基本的な能力は，日常の仕事や生活の中から目標を発見していく力を，自ら身につけていくことです。与えられた目標は，受身的であり目標とはいえません。目標は，自ら探すものであり，一人ひとりが創り出すものだからです。表 2-1 に記述した条件を参考に，できるだけ多くの条件を行動目標に組み入れることで，実現性もそれぞれ高まります。

■学習の5つのSTEP

　人は知識を得るだけでは上手く行動できません。「人が動く」には，知識を得てからその知識を活かして何かができるまでには5つのSTEPがあるからです。長く研修講師を務めた真田（2015）の考え方を整理したものが，図 2-2（「学習の5つのSTEP」）です。

（1）知る：読書のレベル

　私たちは通常，知識を他者の言葉や書籍から得ています。読書は私もとても好きなことです。

書籍を読めば，書いてある事柄は誰の助けもなく自分なりに知ることができます。しかし，書籍に書いてあることは全て他者の経験による知識（情報）です。読み手はそれを知っただけであり，何かが「できる」ようになるはずもありません。また，人間の記憶もいい加減ですから，つぎのレベルである「わかる」に至る前にすぐに忘れてしまうと考えられます。

（2）わかる：研修や授業のレベル

　「知っている」と「わかっている」は全く違います。「わかる」には，2つの段階があります。理屈を理解した（論理的納得）と腑に落ちた・感情的にも受け止めた（心理的納得）です。つまり「論理的納得」は，言葉の意味は理解できるが，経験が不十分なのでイメージできない，「感情的に受け入れがたい」というものです。

　押しつけがない教師や研修講師のすすめ方が「気づき」を促すものであれば，抵抗もなく腑に落ちた状態になるというのが「心理的納得」です。押しつけは「自由の要求」を強烈に阻害するので効果が見込めません。反対に，「わか

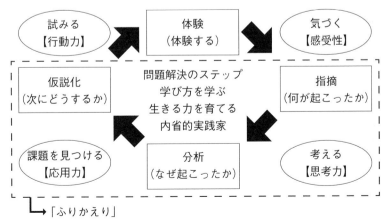

図 2-1　体験学習の循環過程（EIAHE'サイクル）
（『実践 人間関係づくりファシリテーション』津村・星野（編），2013. p.120）

る」段階では，「他者に説明する」「他者の視点から見直す」ことで，一定の効果が見込まれるようです。また，自分で気づいたり何かを発見したりすると，「自由の要求」が満たされるので「わかる」ことにコミットできます。

（3）やってみる

多くの人たちが，研修などで「わかった」としても，実際に「やってみる」ことは少ないようです。これが，このレベルの最も難所といえる大きな壁になっています。しかし，実際に「やってみる」ことがなければ学習の成果は得られません。また，「やっているつもり」，「できているつもり」であれば，「やっていない」，「できていない」ことに気づく必要があります。

加えて，「面倒くさい」「失敗して恥をかきたくない」という感情的な壁もあると考えられることから，これを脱却して「やってみたい」，「やらないとまずい」という感情を引き起こす必要があります。

（4）時々できる

どれだけ知識を詰め込んで「学習」しても，実際には個別の状況もあることから，「やっても上手くいかなかった」，「面白くない」，「やってられない」，「この方法は間違いなのか」など

と考えて行動をやめてしまうことがあります。万能で魔法のようなスキルなどありませんから，「応用する」ことが必要になります。

たとえば，数学の授業では最初に公式を学びます。公式を「知る」，「わかる」のみで，後日行われる模擬試験にチャレンジしても，無残な結果が想像できると思います。公式を使ってさまざまな問題が実際に解けること，つまり個別の状況への対応には「応用力」が必要です。「応用力」を高めるには，実際に数多くの問題を解いていくしかありません。失敗の「ふりかえり」と「学びなおす」こと，試行錯誤をするところに価値があるのです。

（5）常にできる

試行錯誤を繰り返すことで，「常にできる」状態に徐々に近づいていくことができます。この状態を実現するにはひたすら「継続する」ことです。万能な魔法はありません。実際にどう応用するかという「応用力」と「実践力」が必要であり，1人で継続していくしかありません。しかし工夫すれば，同じ取り組みをする仲間と情報共有したり，励まし合うことが"源"になって，何よりの励みにもなるでしょう。

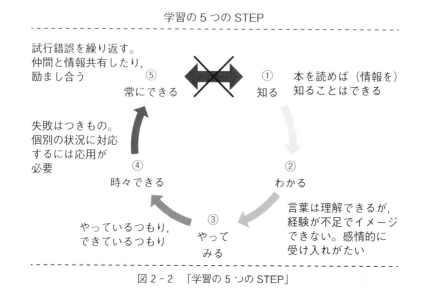

図2-2　「学習の5つのSTEP」

個人の気づき（自己開示）の
エクササイズ『私の取扱い説明書』

このエクササイズは，仕事や生活していく上で，他者からどのような「取扱い」を望んでいるのかを考えて「私の取扱い説明書」を作成してみるものです。自分がどのような「枠組み」をもっているのか，のエクササイズ『私の仕事と生活の価値観（私マップ）』や，本書で紹介している他のエクササイズのいくつかに取り組んでから，このエクササイズに取り組むのもよいでしょう。

▶このエクササイズで学習できること

あなたが自分の職場を自分がどのような居場所として考えているのか，また，どのように働く（暮らす）ことを望んでいるのかを知ることができます（あなたが学生ならば，所属する大学やサークルやアルバイト先をイメージしてみましょう）。
○自分は，仕事や生活をしていく上で他者からどのような「取扱い」を望むのかを考えます。
○自分の「取扱い」を考えることで，自分の「枠組み」，つまり，「自己概念」について学びます。
○職場での自分の考え方や態度の特徴，行動の仕方を"ふりかえる"ことができるでしょう。

▶エクササイズのすすめ方

このエクササイズの所用時間は50分程度です。自分の職場や仕事のこと（あるいは日常の生活のこと）をイメージしながら，「私の取扱い（自分を活かしていくための）説明書」の作成に取り組んでください。これからすすめ方を説明しますが，本書をある程度活用した後に，可能であれば再度このエクササイズの作成に取り組むことをお勧めします（少し違った内容のものが作成できるかもしれません）。

このエクササイズは，1人でもできますが，2～5人のグループでも実施できます。

まず，職場をさまざま人々が働くことで何かの目的を達成しようとする「人々が集う場所」として捉えてみます。そして，そこで，自分が活躍していくためには，どのような活用の仕方があって，どのようなことを望むのか，について考えてみましょう。さて，あなたならこの職場に集う者として，自分の職場や仕事のこと，そして自分のことを踏まえて，どのような「私の取扱い説明書」を作成しますか？

1．個人記入（1人で15分程度）
つぎの2つを進めましょう。

1）【私の取扱い説明書】記入用紙（p.27）を見てください。そこにはいくつかの言葉が並べて書かれています。

2）つぎに，項目にふさわしい「あなた」の「取扱い」についての文章を，自分が望むまま，どのような事柄でもよいので，浮かんでくる文章を書いてみましょう。

このエクササイズには，正解はありません。それぞれの項目からイメージされる自分について表現できる事柄であれば，何を書いてもよいと思います。また，少しユーモラスな表現の文章にすることをお勧めします。あまり思いつかない場合は，書きやすい項目から書き始めるのもよいでしょう。p.26に例を示しましたので参考にしてください。

3）所用時間は15分くらいをめどに記入してみましょう。

２．個人記入のわかちあい（15分程度）

１）あなたと同じように他のメンバーが書いた「私の取扱い説明書」の内容をわかちあいましょう。方法は，お互いの記入用紙を交換して見せ合う，または，メンバーがそれぞれ順番に書いたものを読み上げてもよいでしょう。これが，お互いのことを知り合うきっかけにもなります。ただし，気乗りしない人は無理して参加しなくてもよいでしょう。

２）１人で記入用紙に記入した人は，（例）と比べながら，いろいろ思い起こしてみてください。

３．ふりかえり，わかちあい（20分程度）

１）「気づきの明確化シート」（p.28）に，今の自分のことを記入したり，他の人が書いたものを見たり聞いたりしたことから，あなたが気づいたこと，感じたことがあれば自由に書いてみましょう。

２）複数人で実施した場合は，参加者全員が「気づきの明確化シート」の記入が終わった時点から記入したことを一人ひとり発表し，項目ごとに話し合いをします。その際には，つぎのことを理解してから話し合います。「気づきの明確化シート」に記入したことは，「そのまま自分の言葉で話す」，「よかった，難しかった」など評価的なことにこだわらずに，それぞれありのままに話すことが大切です。

３）グループでのわかちあいが終わり残された時間に余裕があれば，各グループから「わかちあい」で話し合った話題，特にこのエクササイズで「気づいたこと，学んだこと」を全体に発表していきます。

４．コメント・小講義

このエクササイズで学んだことなどに関連する「小講義」を下記に紹介します。これからの参考にするとよいでしょう。

・小講義「自己概念と人の成長」星野欣生（著）『人間関係づくりトレーニング』（2003，金子書房）
・小講義「気づくとは」津村俊充・星野欣生（編）『実践 人間関係づくりファシリテーション』（2013，金子書房）
・小講義「自己概念」津村俊充・星野欣生（編）『実践 人間関係づくりファシリテーション』（2013，金子書房）

（例）本書の「取扱い説明」を記載しています。

【名前：　　　　　　　】をご使用になる前に…
　（例）第一印象を排除してから使用し，安易な使い捨てはご遠慮ください。
【動作環境（用途・場面・居場所）】
　（例）自分の居場所があれば，どのような状況でも働くことができます。
【基本性能・仕様（できること＝業・特徴・おすすめ）】
　（例）人とかかわるのが好きなので，職場の雰囲気づくりに活用できます。
【動作・操作方法（仕事のやり方）】報告，相談，連絡，指示，質問
　（例）報告・連絡・相談を繰り返すことで，仕事を確実に覚えていきます。
【表示（表情・態度）】平常時，非常時，困ったとき，危険・警告状態
　（例）困っている状態のときには，無表情でいつもより元気がありません。
【電源・エネルギー（やる気になる環境・適切な指示の与え方）】
　（例）期待されていることがわかると，働く意欲と実行力が高まります。
【誤った使い方】過度な刺激・叱責
　（例）否定的な言動や説教は「やる気を失う」ので，わかり易く，冷静に説明してください。
【メンテナンス（上手なお手入れ）】趣味・趣向・遊び・気晴らし
　（例）監視されると「実力が低下」するので，適度に賞めてください。
【アフターサービスについて】（お客様ご相談窓口，故障かな？　と思ったら…）
　（例）故障かな？　と思ったら，機能回復訓練の場を活用してください。

【 私の取扱い説明書 】記入用紙

（ 名前：＿＿＿＿＿＿＿＿ ）

●ご使用になる前に，この「私の取扱い説明書」をよく読んでください。また，
　いつでも見ることができる場所に保管しておきましょう。
　以下，私に関する「取扱い」の説明です。

【名前：　　　　　　　】をご使用になる前に…

【動作環境（用途・場面・居場所）】

【基本性能・仕様（できること＝業・特徴・おすすめ）】

【動作・操作方法（仕事のやり方）】報告，相談，連絡，指示，質問

【表示（表情・態度）】平常時，非常時，困ったとき，危険・警告状態

【電源・エネルギー（やる気になる環境・適切な指示の与え方）】

【誤った使い方】過度な刺激・叱責

【メンテナンス（上手なお手入れ）】趣味・趣向・遊び・気晴らし

【アフターサービスについて】（お客様ご相談窓口，故障かな？　と思ったら…）

気づきの明確化シート　──気づく──

この章のエクササイズをとおして
1．自分の「生活スタイル・働き方」で，気づいたことは。

2．その「生活スタイル・働き方」に影響していると考えられることは。
　　（それらはどのような意味がありますか？　またあなたは何かを期待していた
　　のでしょうか）

3．"自分に気づく"ということは，今のあなたにとってどのような意味があると
　　思いますか？（もしも，"自分に気づく"ことなく今までと同じだったとした
　　ら，どうでしょうか）

4．この章で，あなたが学んだことは。
　　（「"俯瞰する"ことから見える」ことについては，どうでしょうか）

5．その他，感じたこと，気づいたことは。

3

わかる

相手の心に伝える

■ほどよい刺激とパフォーマンス

興味がない仕事（作業）になると、なかなか気持ちが入らないことがあります。たいてい、そのようなときには望まれるような結果を出しにくいものです。また、期日が迫ってくると集中力も出てきて仕事（作業）がいっきに進んだり、重過ぎる責任がストレスを感じさせ使ったエネルギーほどの成果を出せないことがあります。私も心当たりがありますが、似たような体験がある人ならよく "わかる" と思います。

実は、このようなことは「学習やパフォーマンスに関する法則」として、そのメカニズムが発見されています。この法則は、ねずみを用いた実験をとおして発見されました（心理学者のロバート・ヤーキーズとJ・D・ドットソン）。その実験は、ねずみを白と黒の目印が識別できるように訓練して、間違えたときはねずみに電気ショックを与えて学習を促す（電気ショックの程度は、強弱を変える）というものでした。その結果、電気ショックの程度を強めるほど正答率は上がりますが、最適な強さを超えると正答率が低下しました。この実験では、適度な程度の電気ショックを与えられたねずみは最も早く識別を学習しましたが、逆に、電気ショックが弱すぎたり強すぎると、学習に支障が出ることがわかったのです。

この結果は、後に人間にも応用され「ストレスやモチベーションといった刺激や覚醒状態が適度にあるときにパフォーマンスが最も高くな

り、刺激や覚醒状態が極端に低いか高いときには、パフォーマンスが低下する」という「ヤーキーズ・ドットソンの法則」と呼ばれています。つまり、ハイ・パフォーマンスの実現には、適度な刺激や覚醒状態が必要である、ということです。どの程度が適度な刺激・覚醒状態なのかは、行う内容の難易度によって異なります。やさしい課題の場合は強い刺激で臨む、難しい課題の場合は弱い刺激やリラックスした状態で臨む方が結果を出しやすい、と考えられています。

このような体験のある人なら "わかる" と思いますが、未体験のことはこの法則も参考にしつつ、パフォーマンスを高く・維持するために、これから自分が "むきあう" 課題はどの程度の刺激があればよいのかを考えておくとよいかもしれません。

つぎに、この "わかる" のように、さらに別の視点から考えてみましょう。

■直感に頼らず問題を見抜く

パフォーマンスを向上させるためには、ミスや不確実性を抑えておく必要があるので、その「問題を見抜く力」が必要です（表3−1）。しかし、私たちは、自分がもっている合理的基準から物事を予測・判断するので、捉え方の違いから認知を歪めることがあります。これは、複雑な問題解決のために人が何かの意思決定を行うとき、手ごろな方法や原則を無意識に用いて認知上の偏り（「ヒューリスティック・バイアス」と呼ぶ状態）を生じさせるというものです。

表 3 - 1　問題を見抜く力の状態

	力がない状態	力がある状態
考え方	誤った考えに固執する	自分の考えに固執しない
経　験	経験が不足している	十分な経験がある
姿　勢	消極的な姿勢でいる	積極的な姿勢でいる
推　論	事実に集中する	余裕がある

「見えない問題を見抜く力を発揮する機会を逃す 4 つの理由（ゲイリー・クライン，奈良訳，2015）」を参考に作成

私たちの直感は，このような極端に偏った予測や平均的なものを選びやすいので，まずはその直感的予測を過信しないように気をつける必要があります。

このように，パフォーマンスの向上には「直感に頼らない！」つまり，「見えない問題を見抜く力」の向上が必要です。しかし，ミスと不確実性を減らすための行動は，「見えない問題を見抜く力」の阻害要因でもあるので，両方の均衡が大切です。また，自分自身を問う能力は，新しい考え方を知ることで身につきます。そのためには，他者の考え方を知り，自分の矛盾したものの見方から解放されることが大切です。また，いろいろな経験をする，異なるタイプの人たちと出会う，さまざまな所で働く，なども重要です。つまり，ひとりで成し遂げるよりも，グループや共同作業の機会を増やすと効果的であるということです。

■手強い組織の体質

「見えない問題を見抜く力」は，これまでの私たちの理解，行動，認識，目的，感情を転換するものです。しかし，組織では，意図的に職員たちを習慣づけて，常に従うように仕向けるところがあります。この職務権限と責任系統の力関係構造が必要な組織のあり方が，ある意味で組織自体の内面から転換することを阻む要因となる恐れがあります。

組織の内部に奥深く根付いたこれらの体質はとても手強いものです。これは，「予測できることに価値がある，予測できないことを退ける。完璧を求めて，誤りがないことを期待する」というものだからです。この不確実性や誤りを最小限に抑えようとする傾向は，「予測可能性の罠」と「完璧主義の罠」に嵌まった状態の組織になるリスクがあります。このような組織の中にいる人なら"わかる"と思いますが，ここでは参考までにこの 2 つの罠についてその概要を説明しておきます。

予測可能性の罠：アイディアは不意に現れて（ひらめいて）くるので，想像もしていない出来事を不意打ちのように起こすことがあります。しかし，組織が予測することをさらに目指したい場合には，作業，開始日時，終了日時，判断の基準，目標を明確にしてから管理しようとするので，作業の途中で「思いがけないことが起こる」新たなアイディアを受け入れたくない（拒否）状態にあるというものです。

完璧主義の罠：組織が複雑な状況におちいったり，正解のない難問に対処する場合は，問題に向き合うための新たな目標が必要です。しかし，「完璧主義」の概念があると，ミスを抑えて組織を管理していく（当初描いた「成功像にこだわる」）ので，組織としては機能しない（実は何もしない）状態にあるというものです。

ここからは，"わかる"ようにというテーマで，つぎのエクササイズに取り組んでみましょう。

対話型の
エクササイズ『わかる』

このエクササイズは，相手に「わかる」ように対話した後，気づいたことや感じたことなどをお互いに知らせ合います。また，1人でもできますが，可能であれば，2～4人程度の職場などの仲間で一緒に取り組むと楽しみながら学ぶことができるでしょう。

このエクササイズは，『職場の人間関係づくりトレーニング』(星野，2007)にある「フィードバック」を参考に私が作成したものです。

▶このエクササイズで学習できること

あなたが「伝えたいこと」を相手に"わかる"ように話すこと，つまり相手が話しを聴いて「あぁ～"わかる，わかる"」と言ってくれるような話題を考えて伝え合います。また，対話した後，自分がどのように話したり聴いたりしているのか，そのときにどのようなことが起こっているのか，(プロセス)について気づいたことや感じたことなどを，お互いに知らせます(このことをフィードバックと呼びます)。
○"わかる"ように話す工夫の仕方を考えます。
○何を，どのようにフィードバックするのか，その仕方を学びスキルを磨きます。
○相互のフィードバックをとおして，自分のコミュニケーションの特徴に気づくことができるでしょう。

▶エクササイズのすすめ方

1．準備（個人記入：15分）
1) p.33の「記入用紙」には，「枠」が並べて用意されています。まず，それぞれの枠内に記入してから始めます。※相手が「あぁ～

"わかる，わかる"」と言うような工夫をつぎの手順で考えてみましょう。
2) 記入用紙を用意して，「伝えたいこと」にかかわる事柄は，次の手順①～④を参考に，それぞれの枠内に思いつくこと(文章)を記入してみましょう。

思いつかない場合は，可能な事柄(キーワード)を記入しておきましょう。
①「伝えようとすること」の枠内には，あなたが「伝えたいこと」や「課題」などの事柄を示す主題(テーマ・目的)を，相手に伝えるために記入しておきます。
②つぎに，「伝えたいこと(答え)」の枠内には，自分が①のことについて，どのような「結論」を期待するのか，を考えて記入します。
③「なぜ，どのような」の枠内には，なぜ②のような「結論」が導かれるのかの「理由(原因・根拠)」を説明するように考えて記入します。
④「5W2H」の枠内には，「伝えたいこと」にかかわって「いつ，どこで，誰が，何を，なぜ，いくらで，どのように」を補足するキーワードなど「背景」を記入します。
⑤「総括すること」の枠内には，①～④を説明してきた後に，「まとめ」としてどのようなことを伝えると相手が"わかる"のかを考え，記入してみるとよいでしょう。
[テーマの例]
・「これまでの出来事(で…チョットした失敗 or 不思議に感じたこと)」について
・「最近やってみたこと(で… 些細なチャレンジ or 嬉しかったこと)」について
・「これからのこと(で… 決めたこと or 決

31

められないこと)」について

2．実施（20分）

1）2人組（A・B）をつくります。

※3～4人で行う場合は（所定時間は40分程度），話し合う2人の観察役（C・D）となり，A・Bの2人を観察しやすい場所で「フィードバック記入用紙」が書きやすい位置に机を置いて座ります。

2）A・Bの2人は準備した記入用紙をもとに，それぞれの内容について「話す」役割と「きく」役割を10分ごと交互に体験します。

3）所定の時間（20分程度）が過ぎたら，2人の話し合いをやめます。

2人は，それぞれ対話する中で相手について気づいたことや感じたことを「フィードバック記入用紙」（p.34）に記入します。

3．フィードバック（10分）

それぞれの記入が終わったら，小講義Ⅲの「フィードバックの留意点」（p.41）に目をとおしましょう。その後，記入用紙に書いたことをお互いに発表し話し合います。※観察役（C・D）がいる場合は「フィードバック記入用紙」に記入した内容を先に伝えます。その後，今の会話で起こっていたことについて4人で話し合います。

4．（再）実施

時間に余裕があるときにはフィードバックを踏まえて，「2．実施」から「3．フィードバック」を再度行います。

その場合，スキルの習得機会として（再）実施するときは，小講義Ⅱ・Ⅲ（pp.37-42）を見てから（再）実施することが効果的なのかどうかを考えておくとよいでしょう。

5．ふりかえりとわかちあい（15分）

「プロセスシート」（p.35）を用意して，このエクササイズをとおして各自気づいたことや感じたことを記入してわかちあうとよいでしょう。

6．コメント・小講義

上記の取り組みをひととおり終えたら，このエクササイズで学んだことなどに関連する「コメント」や「小講義」を読んで，学習をすすめてください。なお，この章に掲載しなかった「小講義」を紹介しますので，今後の参考にするとよいでしょう。

・小講義「コミュニケーションにおける“話す”と“きく”」星野欣生（著）『人間関係づくりトレーニング』（2003，金子書房）
・小講義「フィードバックは成長の鏡」星野欣生（著）『職場の人間関係づくりトレーニング』（2007，金子書房）
・小講義「受け入れるとは」津村俊充・星野欣生（編）『実践 人間関係づくりファシリテーション』（2013，金子書房）

『わかる』記入用紙

伝えようとすること

伝えたいこと（答え）

なぜ，どのような

５Ｗ２Ｈ

総括すること

『わかる』フィードバック記入用紙

なまえ		
①目の動き 　（まなざしの方向など）		
②声の調子 　（話す速さなど）		
③話し方の特徴 　（癖など）		
④発言（質問・答え）の 　わかりやすさ		
⑤姿勢，表情やその変化は		
⑥ジェスチャー 　（身振り手振りなど）		
⑦感情（気もち）の表現は		
⑧相手の非言語表現に 　気づこうとしていたか		
⑨相手に対する応答 　（うなずく，確認など）		
⑩雰囲気 　（緊張，堅さ，開放的など）		
⑪その他		

『実践　人間関係づくりファシリテーション』（津村・星野編，2013）より作成

『わかる』プロセスシート

1．エクササイズをやってみて，思いつくことを記入してみましょう。

2．そのような事柄に影響したと考えられること，またはあらためて再確認したことがあれば，記入してみましょう。

3．これからもう少し工夫してみたい，と思うことがあれば記入してみましょう。

4．その他，気づいたこと，感じたことを自由に記入してみましょう。

コメント

　この章では「相手が"わかる"ように」をテーマとしたエクササイズに取り組んでもらいましたが、いかがだったでしょうか。共有できそうな体験があれば"わかる"と考えて、冒頭で「このような体験のある人なら"わかる"と思いますが、…」と記述して示してみました。また、対話をとおして相互理解を深めるためには、「伝えようとすること」をどのように「考え・まとめる」のか、それをどのように「伝えるのか」の思考と技術が必要になるでしょう。

　伝える側の人が中心になりすぎた対話は、どうしても聴き手の人にとっては"わかった"つもりという表面的なものになってしまいます。では、聴き手が質問すればよいのかといえば、伝え手の思考が質問内容に傾いたり、ややもすると詰問する調子になってしまうこともあります。相互理解のためには、やはり、伝え手側の人中心にすすめていかなくてはなりません。

　伝え手が本当に言いたい事を"わかる"ように「考えをまとめる」ことができていれば、聴き手の心にも届きやすくなると思います。普段の生活の中でも、私たちはあまり意識していませんが、考えがまとまっていると相手の反応もずいぶんと違っていたことを思いだす人もいるでしょう。

　話し手の人は相手が"わかる"ように、聴き手の人も相手が"わかる"ように対話することが大切です。そのためにはまず、自分の特徴に気づくことが第一歩になると思います。このエクササイズ（4人で実施する場合）では横から2人のやりとりを観察し、客観的に2人の間で起こっていること、特に対話する2人の中で相手に与える影響について気づいたことをフィードバックすることで、学習を深めてみるものでした。日常的な会話でも同じようなことが起こっていることに気づいた人は、実際では「どうするのか」を考える機会にしていくとよいでしょう。

※参考までに、『共感的に理解すること』について、ここでつけ加えておきましょう。
1）共感する：「気持ちをわかちあう」ということ（同情とは異なる）。
　（聴き手が、伝え手の状況・抱いている気持ちを別の言葉で同じように話したときに成立します）
2）理解の仕方
　〜気持ちが伴っていない〜
　　「判断的理解」：その人を本当に理解できたかというと、そうではありません。
　　「分析的理解」：（表面的に）人となりを理解することです。
　　「評価的理解」：評価を加えて相手をみることです。
　〜気持ちが伴っている（もう少し相手の内面に入る）〜
　　「同情的理解」：高いところから見ていることです。
　　「共感的理解」：同じ位置から見ていることです。

小講義Ⅰ　相手が"わかる"話し方（論理的に伝える）

■コミュニケーションの基本機能

　そもそも「なぜ？」人々はコミュニケーションするのか？　また，それが人間社会の出来事として「あたりまえ」のことなのは「なぜ？」なのか。それを知るための参考にシャイン（1999，稲葉・尾川訳，2002）がまとめたコミュニケーションの6つの機能を見てみましょう（表3-2）。

1．自己実現

　人は他者に依存して生きているので，他者とのコミュニケーションを自分で学ぶ必要があります。そして，自分の要求や希望を満たすために，自分自身のことや自分の要求を他者に知らせてかなえられるようにします。

2．他者理解

　他者は自分の脅威であり，また満足をもたらすこともある不可解な存在です。しかし，その他者がいったい何者なのかを把握しよく知ることで，その解釈に基づいてどう対処すべきかを決めます。

3．状況理解（確認）

　社会生活を営んでいればつぎからつぎへと解読が必要な新しい事柄が起こってきます。人は，そのような曖昧で不明瞭な状況・社会の中で，どう対処すればよいのかを知る必要があります。自分の認識や考察したことを他者と共有して明確にするための共同の理解作業（状況を解明して定義づける）をします。

4．優位性の担保（保身）

　人は，自分が何を望んでいるのかをたいていは知っているので，できるだけその望みを実現させるため自分に有利な状況をつくるようにします。あの手この手で状況を操作することもありますが，どのような場合でも目的を達成するためには他者との関わりが必要不可欠なものになっています。

5．協力関係の構築

　人は，自らの要求を満たすことを成し遂げるためには，他者とともに活動しなければならないことに気づいています。他者との共同関係を築くことで自分単独ではできないことを可能にしようとします。

6．自己理解

　自分が何を考え感じているのかは，実は他者に語ることをとおしてよくわかることがあります。また，自己表現や自分自身の言葉を聴くことで自分を表現して，自分のことがよくわかるようになっていきます。

　これらの基本機能を満たすためには，何らかの言語様式（その場にいる人が意味を共有して

表3-2　人間同士のコミュニケーションの6つの機能

1	自らの要求を満たすこと
2	他者を理解すること
3	曖昧な状況を明確にすること
4	優位に立つこと
5	協力的な関係を築くこと
6	自分自身を表現し，理解すること

（Schein, 1999　稲葉・尾川訳，2002）より

いる記号の基本セット）が必要となります。

■ "わかる" と動く人の心（説得力）

　相手を納得させることができる人は「人の心を動かす」説得力をもっています。人の心を動かすということは，他者の考え方に影響を与えたり，相手が望みどおりに動いてくれたりするということです。しかし，言葉だけでは人の心は動いてくれませんので，「信頼」や「共感」などお互いの「感情の共有」が必要です。これは，職場の中であれば日頃の貢献度が高い仕事ぶりや実績など裏付けられた「人間性・人間力」のある人がなせるものだと考えられます。

　つまり，この「人間性・人間力」と言葉による「論理」をもつ人が，重要な場面で「人の心を動かす力」を発揮できるといえそうです。

■論理的であること

　文章や話を "わかる" ようにできる人は論理的な話し方や書き方ができる人です。話を聞いているだけで，あるいは文字を目で追っているだけで聞き手はイメージが浮かび伝わってくるので，説得力があって納得できると感じます。

　論理的とは，「ものごとや思考の法則的つながりに筋をとおす」という意味で使われます。その法則性は「５Ｗ２Ｈ」の思考と接続詞による展開を基本としています。「いつ，どこで，誰が，何を，なぜ，いくらで，どのように」をキーワードに，特定の事柄同士に関連させて，筋をとおした解説・説明ができれば，論理的であるということです。このように論理的であるということは，少し訓練さえすれば多くの人が思っているほど難しいものではありません。

■論理的思考の留意点

　論理的思考を，問題解決や意思決定の場面で使うためには，いくつかの留意点があります。

①客観的であること：人が通常もっている論理は自分の頭の中で構築した主観的なものです。この主観的論理を客観的なものに変えてこそ，論理力の意味があります。

②感情的思考に惑わされないこと：「主観」は客観的な裏づけがない限り「感情」です。特に，自分に自信がある人や仕事ができる人は強固な信念（主観）をもっていて，持論にこだわると視野が狭くなるので留意しましょう。

③世間の常識を疑ってみること：論理的思考を習慣にするためには，「なぜ，そうなのか？」という疑問をもつようにして，新たな視点から考え直してみることです。

④自問自答して問題を考えること：論理的思考の目的は，広い視野でわかりにくい課題をわかり易くして解決することです。そのためには俯瞰する見方と柔軟な思考が必要です。

⑤発見の中から論理性を見出すこと：仕事はひとりでするものではないので，相手を論破する習慣をやめ，異見の合理性を見つけて感情を冷静に受容する習慣をつくりましょう。

■論理的な文章

　端的に伝える場合には，エクササイズ『わかる』の記入用紙を活用して練習すると，わかりやすい文章が作成できるようになります。内容も「もれなく，重複なく」まとめることができると思います。伝えようとする事柄や課題などの主題（テーマ）を，それに対して伝えたいこと（結論）を示し，なぜその結論がどのように導かれたのか（理由）を説明した後に，その５Ｗ２Ｈ（背景）を補足して，総括すること（まとめ）を述べる，というように論理的思考の留意点も参考にするとよいでしょう。

小講義Ⅱ　相手の心が"わかる"聴き方

■聴き方の基本

　聴き手は，努めて趣旨を認識するように心がけ，無理して理解しようとしない，解釈（自己の価値判断）しないことが大切です。また，聴き手は話し手の語る言葉を受けとめて，それを簡潔な言葉で確認します（明確に返す）。単なる口まねではなく，基本は自分の言葉に換えながら返します。"わかる"言葉でお互いに確認を繰り返すうちに，話し手も話したいことがより明確になっていきます。自分の抱えている問題の本質に気づくと，問題解決の知恵を自らの力で生むことができるでしょう。

　しかし，対話中での確認の繰り返しは効果的ですが，全てに確認を繰り返す必要はないので，しつこい，堅苦しい聴き方をしないようにつぎのことに留意しましょう。

- 受容の態度，受容した表現法を使いましょう（自立と人格を認め，対等の関係を自覚する。自分の感情にも注意を払いながら，または自分の感情にとらわれず相手に集中して聴く）。
- 問題所有の原則を認識しましょう（問題の話し手・所有者がその問題を解決する）。
- テクニックの使い過ぎは（もて遊びになるので）禁物です。
- 相手の気持ちや要望を聴いてあげましょう（心のドアをノックする…人は，「自分は価値のある人間として認められている」「大事にされ，受け入れられている」と感じると，心の扉をひらいてくれます）。

■対峙するときの4つの選択

　受容の態度，受容した表現法で相手と"むきあう"ときには，

1）心のドアをノックすることを伝える。
2）沈黙とあいづちを用いて，受容的な聴き方をする。
3）仕草や表情，態度で聴いていること，受容していることを表す。
4）適切なフィードバックを行う。

　これらの選択肢から無理なく使える方法を選びましょう。繰り返すことで臨機応変に使い分け，いくつかを組み合わせて使えるようになります（そうすることで話し手自身の成長につながる変革を実現し，怖れや不安，混乱の中にある話し手の癒しにもなるでしょう）。

■問いかけの技術

　質問の仕方は多くのアプローチがありますが，「自分が話すばかりではなく，これからはもっと相手に問いかけよう」と思うだけでは不十分です。また，自由に答えられるように質問したつもりでも，実は相手をコントロールする聴き方や会話の主導権をうっかり握ってしまうことは避けましょう。つぎのようにさまざまな問いかけがありますが，その"カギ"が，「謙虚な問いかけ」を用いることです。

1．謙虚な問いかけ（例：どうですか？）

　相手を誘導したり，優等生的な回答を期待していると感じさせないことが大切です。

　知らないという事を積極的に認め，先入観をできるだけ排除し，相手を怖がらせないようになるべく聞くことに専念するようにします。

2．診断的な問いかけ（例：どうして？）

　相手の話の中に出てきた特定の事柄に興味をもつと，そればかりが気になって質問したい側の関心に焦点が向くので，会話の主導権を握り，相手の思考プロセスに影響を与えることになる

ので避けましょう。

3．対決的な問いかけ（例：なぜですか？）

　質問する形をとりつつも，自分の考えを伝えたい形式をとるもので，質問する側が主導権を握ってしまうし，相手に助言を与えることになるので避けましょう。

4．プロセス思考の問いかけ（例：何を聞けばよいですか？）

　会話の焦点を中身（話題）ではなく，会話そのものに移行させるきき方です。「どうなさいましたか？」という言葉で質問した時点で，突如，スポットが2人の相互作用に向くので避けましょう。しかし，ぎこちない難航した会話を一旦リセットするために用いると有効な場合があります。

小講義Ⅲ　フィードバック　〜相手の心に伝えるように〜

■ "わかる" 助けになること

「コミュニケーションの基本機能」（p.37）の説明にあるように，人は行動するつもりの事を確実に実現するために，共同の共通理解作業を何度も繰り返したり，他者のフィードバックを利用したり，求めたりしています。また，私たちは「自己表現」に対する他者の反応を観察したり，他者からフィードバックを得ることで，自分のことがそれまで以上にわかるようになっていきます。たとえば，現在の自分の状況が目標に向かっているのか，外れているのかを他者から伝えてもらうことがあげられます。つまり，その人がゴールに到達できる助けになるような情報がフィードバックといえるものです。

■ 相手の "鏡" になること

しかし，フィードバックは単なる情報でもテクニックでもありません。さらに，求めがなければ無益です。なぜならば，フィードバックは「人間の尊厳」という思考が強く浸透するものだからです。したがって，相手に有益である必要性があり，間違っても相手の面子をつぶしたり，非難や攻撃をするものでもいけません。また，具体的で明確なものを多くの人からもらうべきでしょう。特に，焦点の定まった計画的なフィードバックを得ると，「他者が自分のことをどのように思っているのか」に人生の大半を費やして想像しなくてもよくなります。

星野（2007）は，「"フィードバックは鏡になること"」で，①「自分の目に映ったこと」②「相手の発言や行動が，自分に与えた影響に関すること」を「私は…」のメッセージで相手中心に表現することが求められると述べています。つまり，「私にはこう見えている」というメッセージの形で，必要性を感じている受けとり側（相手）について，「今ここで」起こっているときに伝えることを大切にしているということです。

■ フィードバックの留意点

ここで，フィードバックの留意点をまとめておきます（星野，2007）。

1）描写的（映し撮る感じで），具体的であること。
2）内容（データ）は制限的（特定の状況で起こったもの）であること。
3）（自分への）影響や（自分の）気持ちも伝えること。
4）良い，悪いは言わない（評価しない）こと。
5）相手が受け入れやすい（相手に配慮する）ようにすること。
6）「私は…」のメッセージで（相手が安心できるように）伝えること。
7）（その後の）選択の自由は相手にある（押しつけない）こと。
8）適切なタイミング（今ここのこと）であること。
9）求められるもの（困っている様子のとき）であること。
10）変化が可能な（気持ちがあればできること）ことに限られること。

■ フィードバックは押しつけないこと

フィードバックの領域は，個人，対人関係，チームにおける人の "成長の促進" を援助するためものとして，相手中心に行います。これは相手の成長を願ってするものなので，フィードバックを受けた相手が実際に「実行するかどうか」の選択は，相手側に委ねられています。補

41

足すると，善意でなされることだけに，「フィードバック」と称して自分勝手な考えの押しつけは絶対にしないでください。これが私が最も重要だと思うことです。計画的でピントの合った「フィードバック」は，上司と部下の間や，仕事を効果的に進めようとするチームのメンバー間の「影響力の強力な源泉になる」ものだと思います。

つぎのエクササイズでは，自分のコミュニケーションの現状把握を行います。

診断型の

エクササイズⅠ 『対人コミュニケーションの棚卸し』

このエクササイズは，自分の日常的なコミュニケーションの仕方やタイプの特徴などをふりかえるもので，個人で取り組むことができます。また，比較的どのような時期でも活用できるので，職場などの仲間を集めて試みるのもよいでしょう。

このエクササイズは，星野（2003）の「自分の話し方，きき方の検討」を参考に私が作成しました。質問に答えながらそれぞれの結果を集計していくと，コミュニケーションが効果的かどうかのバランスをみることができます。

▶このエクササイズで学習できること

家族や親しい人ではなく，他者との一般的な関わりやコミュニケーションを対象に個人で試みることができるエクササイズです。あなたが普段，人と会話しているときはどのような"話し方""きき方"をしているのか，"自分の枠組み"でいるのか，どのように"感情と付き合い"しているのかをチェックしてコミュニケーション・グラムに図示してみましょう。

○日常的なコミュニケーションの仕方や特徴などの検討をとおして，効果的なコミュニケーションを考えていきます。

○あなたが普段，人と話しているときにどのようなコミュニケーションの仕方なのか，そのタイプや特徴などを知ることができます。

○コミュニケーションに影響を及ぼす諸要素の状況を検討する機会になるでしょう。

▶エクササイズのすすめ方

1．コミュニケーションの理論に基づいてつくられた40の質問があります（pp.44-45）。この質問では，家族や親族，親しい友人を除いた他者との関わりの中で，日常的にあなたがどのようにしているかについて，思い出しながら答えていきます。

40の質問に，〈いつも（している）〉，〈ほとんどない〉，〈時々ある〉の3つの中から1つを選んで印をつけてください。こうあるべきとか，こうありたいと答えるのではなく，今の自分のありのままの姿をつけていくのがよいでしょう。もちろん，正しいとか間違っているとかの答えはありません。

2．全部つけ終わったらチェックのつけ忘れがないか，確かめてください。全部つけ終わったら，p.46の要領で集計してみましょう。

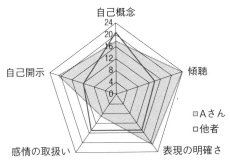

例：コミュニケーション・グラム（Aさん）

例：コミュニケーション・グラム（Yさん）

『対人コミュニケーションの棚卸し』検討表

質　問	いつも	ほとんどない	時々ある
1　人と話しているとき，言いたいことが，そのまま言葉になってうまくでてきますか。	☐	☐	☐
2　相手の話の意味がわからないとき，あなたはすぐに確認していますか。	☐	☐	☐
3　知らない人と話すのが苦手なほうですか。	☐	☐	☐
4　誰かから感情を傷つけられたとき，その相手と話し合いますか。	☐	☐	☐
5　自分の意見が周りの人たちと違うとき，自分の考えを伝えるのが難しく感じますか。	☐	☐	☐
6　話しているとき，あなたが言おうとしていることを，相手が先に言ってしまうようなことがありますか。	☐	☐	☐
7　話し合っているとき，相手よりたくさんしゃべる傾向がありますか。	☐	☐	☐
8　会話では，相手にも自分にも興味があることを話そうとしていますか。	☐	☐	☐
9　他者が自分に向けた意見に納得できないときは，あなたはとてもいやな気持ちになりますか。	☐	☐	☐
10　相手が腹を立てると思うときは，反対していると伝えることを止めますか。	☐	☐	☐
11　あなたが言おうとすることは，細かく説明しなくても相手が知っているのが当然と思うので，十分に説明しないことがありますか。	☐	☐	☐
12　話し合っているとき，あなたは相手の質問に答えないで話を終わらせることがありますか。	☐	☐	☐
13　他者からほめ言葉をもらうと，あなたは何となく落ち着かない感じになりますか。	☐	☐	☐
14　あなたへの他者の批判は，建設的なことでも受け入れ難いですか。	☐	☐	☐
15　自分の欠点を，あえて隠そうとしますか。	☐	☐	☐
16　あなたの声の調子が，相手にどのような影響を与えているかに気づいていますか。	☐	☐	☐
17　話し合っているとき，相手の表情や反応を気にしないで話していることがありますか。	☐	☐	☐
18　他者がもっとあなたが違うタイプの人になって欲しいと思っていると感じますか。	☐	☐	☐
19　腹を立てた相手のことを，冷静に考えるのが難しくなりますか。	☐	☐	☐
20　自分の考えや信念，感じたことなどを，わかってもらうようにあなたの言葉で伝えていますか。	☐	☐	☐

	いつも	ほとんどない	時々ある
21 人に敬意を表したり褒めたりするのが難しいと思っていますか。	☐	☐	☐
22 話し合っているとき，あなたは相手の立場や反応（表情）の意味まで，きき取ろうとしていますか。	☐	☐	☐
23 他の人たちはあなたの気持ちを，理解してくれていると思いますか。	☐	☐	☐
24 他者とあなたの意見が違うとき，自分がとる方法に納得していますか。	☐	☐	☐
25 人を信頼することが，難しいと感じるときがありますか。	☐	☐	☐
26 人と話しているとき，相手はあなたの話に耳を傾けているようにみえますか。	☐	☐	☐
27 実際には聞いていないのに，あなたは相手の話を聞いているようなふりをすることがありますか。	☐	☐	☐
28 自分の間違いに気づいたとき，すぐにそのことを認めますか。	☐	☐	☐
29 誰かがあなたを怒らせたとき，不機嫌になったり，長い間すねたりしますか。	☐	☐	☐
30 話し合い（議論）で感情的になると，あなたから話題を変えようとするときがありますか。	☐	☐	☐
31 あなたは話すとき，相手にとってわかりやすい言葉や言い方をするように気をつけていますか。	☐	☐	☐
32 話し合っているとき，あなたは相手が話していることについて，良いとか悪いとかを伝えている方ですか。	☐	☐	☐
33 自分の感情が傷ついたことや，怒りに気づかないときがありますか。	☐	☐	☐
34 周りがどうだとしても，自分の怒りや喜びは自分の責任だと思いますか。	☐	☐	☐
35 話し合っていて，自分が思うことを話せてないことを伝えますか。	☐	☐	☐
36 相手の心を傷つけたように思うときは，あなたから相手に謝りますか。	☐	☐	☐
37 相手の口から出る言葉と，思っているであろうことの違いを見つけることができますか。	☐	☐	☐
38 あなたがいつも自分は正しいと思っているように，他の人が思っていると感じますか。	☐	☐	☐
39 あなたが知っていることを話すことが，相手を傷つけたり事柄を悪くすると思うと，言うのを控えますか。	☐	☐	☐
40 上手く話し合いに参加できていない人が気になることを伝えることがありますか。	☐	☐	☐

このエクササイズは Millard J. Bienvenu, Sr.（1969）と星野（2003）を参考に照山秀一氏と筆者が作成したものです。

45

『対人コミュニケーションの棚卸し』集計表①

◆検討表の各項目（質問）すべてに答えているかを確かめてください。
◆つぎに，検討表の各項目（質問）について，どの欄にチェックしているかを確かめて，下の表の該当するところに○印をつけてください。

質問	いつも	ほとんどない	時々ある	集計表②の区分	質問	いつも	ほとんどない	時々ある	集計表②の区分
1	3	0	2	A	21	0	3	1	A
2	3	0	2	B	22	3	0	2	B
3	0	3	1	C	23	3	0	1	C
4	3	0	2	D	24	3	0	2	D
5	0	3	1	E	25	0	3	1	E
6	0	3	1	A	26	3	0	1	A
7	0	3	1	B	27	0	3	1	B
8	3	0	2	C	28	3	0	2	C
9	0	3	1	D	29	0	3	1	D
10	0	3	1	E	30	0	3	1	E
11	0	3	1	A	31	3	0	2	A
12	0	3	1	B	32	0	3	1	B
13	0	3	1	C	33	0	3	1	C
14	0	3	1	D	34	3	0	1	D
15	0	3	1	E	35	3	0	1	E
16	3	0	1	A	36	3	0	2	A
17	0	3	1	B	37	3	0	1	B
18	0	3	1	C	38	3	0	2	C
19	0	3	1	D	39	0	3	1	D
20	3	0	2	E	40	3	0	1	E

『対人コミュニケーションの棚卸し』集計表②

◆以下のA～Eの各項目ごとに上記の集計表①の得点を記入して合計してください。
◆コミュニケーショングラムを作成しましょう（p.47）。A～E各項目の合計点の該当箇所に印をつけて，5つの印を線で結ぶと完成です。

区分	A		B		C		D		E	
質問（番号）	1		2		3		4		5	
	6		7		8		9		10	
	11		12		13		14		15	
	16		17		18		19		20	
	21		22		23		24		25	
	26		27		28		29		30	
	31		32		33		34		35	
	36		37		38		39		40	
得点	計		計		計		計		計	

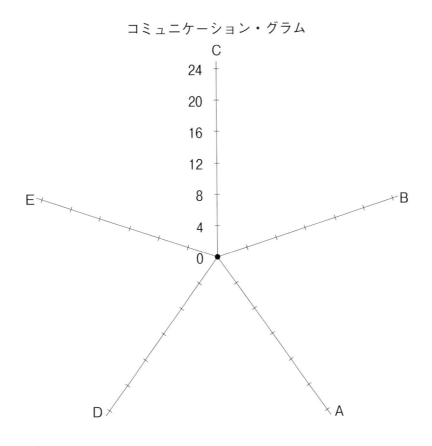

コミュニケーション・グラム

【分析・評価】
　自分のコミュニケーションについて，どのような結果を予期していたか，わかったこと，気づいたことなど，自由に記入してみましょう。

A．表現の明確さ　　　　　　　　　　　　B．傾聴

C．自己概念　　　　　　　　　　　　　　D．感情の取扱い

E．自己開示

■ A は "誤解が起こりにくい話し方" についてのあなたの得点

"誤解が起こりにくい話し方" とは,

① 自分が相手に伝えたいことをどれくらいはっきりした言葉で, しかも具体的に表現できているかということです。そのためには, まず自分が何を伝えたいかが明らかになっていることが必要となります。私たちは, 案外そのあたりがはっきりしていない, あいまいであることが多いのではないでしょうか。そのために誤解が生まれていることもたくさんあると思います。

② 私たちはつい格好よく抽象的に言ってしまうことがあります。誤解が起こりにくい話し方をするためには, できるだけ具体的に表現することです。

③ 話しながら, 自分がどれくらい相手のことを思っているかを表現することで, 誤解を防ぐことができます。いわば, 相手中心の話し方をするのです。具体的には, 相手にわかりやすい言葉を使ったり, 相手が聞いてくれているかどうか, 相手の表情などに目を向けたりすることです (星野, 2003 p.60より)。

■ B は "聴くこと" についてのあなたの得点

"聴くこと" とは, 相手の話していることが, ただ, こちらの耳に生理的に聞こえているというのではありません。相手の立場に立って相手の言いたいことを, ゆがみなくそのままとらえることができること, まさに耳を傾けるということです。

ここでも, 相手中心であることが大切になります。詳しくは後で述べますが, 話の内容だけではなく相手の気持ちもとらえること, 評価, 判断しないこと, きちんと反応していくことなどが期待されます (星野, 2003 p.60より)。

■ C は "自分" のことをどれだけわかっているのかについての得点

私たちは, 相手から自分が「どのように扱われているのか」によって「自分は何者であるのか (自己概念)」を学んでいます。具体的には, 親からは子どもとして, 兄・姉からは弟・妹として, 他者からは友人としての「扱い」を受けて「自分は何者なのか」を学んでいるということです。周囲の人々から「どのように扱われているのか」, それはつまり生きていく上で重要な人たちからの尊敬, 愛情, 支持, そして受容されることが必要といえるでしょう。

しっかりとした肯定的な自己概念をもつためには, 人と関わっているときに自分がどのような「態度」,「行動」をしているのかを, 自分がどれだけわかっているのかが問われることになります。したがって, 人と関わっているときに自分はどうしているのか, グループで話し合っているとき, あるいは家族といるときの自分, 仕事をしているときの自分…など, 自分がどうしているのか? いろいろな角度から光を当てる機会をもつこと。自分のことをたくさん知って, 自己概念をどんどん広く, 豊かにしていくことです。

■ D は自分の感情を効果的に扱うことについての得点

一般的な人付き合いでは, 自分の感情は, 怒りにしろ, 喜びにしろ, あまり表に出さないほうが上手く行くと思っている人が多いようです。しかし私たちは, 自分自身の気持ちを表して相手に「聞いてもらいたい」, その気持ちに「応えてもらいたい」という基本的要求をもっています。したがって, 怒りのような感情も破壊的に表に出すのではなく, 建設的に表現することで要求を満たすことができます。

建設的な感情表現のための参考としてつぎの6つを挙げておきます。①今の自分の感情に気づいていること, ②自分の感情を認め, それを

否定したり無視しないこと，③自分の行動と感情の責任は，すべて自分にあることを知っていること，④自分の感情を探ってみること，⑤自分の感情（今，自分が自分の中で経験していること）を隠さずに述べてみること，⑥自分の感情と意思を統合していくこと。

■ **Eは，自分のことを包み隠さず相手に開示することについての得点**

　あなたが相手の話を聞いて，「そういえば私も…」，「私の場合は…」というように，自分の経験や考えを話すことを"自己開示"といいます。自分のこと（特に，考え，気持ち，意見，特徴など）を包み隠さず相手に開示する能力は効果的なコミュニケーションにとって大切です。相手に自分のことを隠さずに打ち明けると，相手は自分のことをより知ることになります。これはまた，相手が自分のことを開示することを引きおこし，お互いに相手をより知ることができるという相互の循環過程を生みます。自分が自分であるという確信がもてると，人は自分の考えや気持ちを素直に表すことができます。自分自身を受容できると，成功や喜びだけでなく，失敗も相手とわかち合えるようになります。このように自己開示できる人は健康な人格をもっていると考えられます。

　自己開示の妨げは，自分は愛される値打ちがない，受け入れられないと思い込んでいるときに現れる他者に対する恐怖心，不信感です。そのようなときのコミュニケーションは，よそよそしい感じを相手に与えるでしょう。

　一方，人は自由で善意に溢れた雰囲気の中では，どんどん自己開示できるようになります。この"信頼・善意"を生みだすためには，誰か

の自主的な自己開示の冒険がきっかけになっていきます。信頼・善意は自己開示を促すことになり，さらに信頼・善意と理解を生みだしていくことになるからです。効果的なコミュニケーションをする人はまた，コミュニケーションのためのよい環境をつくりだす人でもあるといえるでしょう。

〈要注意〉

　今ここでしたことは心理テストではありません。これらの質問は，コミュニケーションに関する理論に基づいてつくられたものですが，心理テストのように沢山の例について検証されていませんので信頼性が高いものではありません。ですから，でてきた結果について，もしあなたが納得できなければ，ちょっと横においてください。

　しかし，少しでも自分の傾向として"そういえばそういうところがあるな"と納得できるならば，取り上げたら得だと思います。よければ，自信をもってもっと伸ばしてあげればいいし，気になるようならば改善することを考えてはどうでしょうか。

　また，ここでは点数で示されているので，つい数字に惑わされてしまいがちですが，満点（24点）でなくてはいけないと思わないでください（人によってつける基準が違いますので）。AからEを比較してみて，自分がどのような傾向が強いのか相対的にみるとよいと思います。つまり，どの得点が多ければよいということではなくて，あくまで自分の傾向を知ろうとする目安と考えてください（星野，2003 p.60より一部修正）。

小講義Ⅳ　相手の心に伝える話し方

　私たちは，個人的に親しくない他者との関係では，あまり自分のことを主張しません。しかし，親しい友人関係や夫婦関係では，おおいに自分のことを主張して聞いてもらいたい，認めてもらいたい，という個人的な考え方や感情も"わかる"ように表に出します。これは自分の価値をもっと主張することで，受け入れられ支持されることを期待し，親密な人間関係をある程度築こうとするものです。しかしここで注目することは，私たちはこうした態度を意識的に（または無意識で）用いることが，ある基本的なルールの範囲内の行為なのかということです。この相手に"わかる"ような行為で関係を築いて，深め，試しているともいえそうです。

　ここでは，相手の心に"わかる"ようにとは，どのようなことなのかを考えてみましょう。

■人間関係の文化的原則「払う」

　私たちは，子どもの頃の早い時期に，何かをプレゼントされたり物を受け取るときには，「ありがとう」と"わかる"ように言わなければならないことを学びます。また，話しかけられたときは相手に注意を「払う」ことも同じ年頃に学んでいます。この「ありがとう」という言葉は御返し（返礼の意味）の行為として，お互いの意思疎通を密（相互の関係を公平・適正）にします。そして「払う」ことで，何らかの価値がある情報や説明（納得）を提供していると認めた相手が意思（関係への投資）を表します。これらは，「人はあらゆる人間関係で返礼を期待する」意味を示すものです。ですから，この返礼がないと大抵の人は気分を害するし，それ以降の関係悪化につながることは身に覚えがある人もいるでしょう。

　もう1つ年少期には，与えられた自分の役割を状況に合わせて演じられるようにそのすべを身に着けます。たとえば，2人の会話の場合では，どちらかが演技者（話す側）で，どちらかが観客（聞く側）の役割になっていて，演技者の求めに応じて観客が耳を傾け・注意を「払う」義務を担うという演技です。ここで「払う」ものが，この相互作用の価値を示すもの，つまり「社会的通貨（愛情，思いやり，認識，受容，賞賛，支援）」の交換という行為になります。このように，日常生活は，文化的な原則・状況が連続していくようになっています。この子どもの頃に学ぶ原則は，私が最も重要だと思う「支援（人が表す愛情や思いやりの感情表現の主な方法）」の土台になるものです。

■個人的好みと関係の選択

　たいていの人は，基本的なエチケットやルールを知っていてそれを守ります。しかし，その先の「どこでどのような人間関係を築くのか，または避けるのか」については，人それぞれ個人的な好みや状況もあるでしょう。ここでは，その影響を少し考えてみましょう。

　たとえば，社交性が高かったり，「皆で一緒」といった欲求が強い人は，他者の提案に賛同する傾向があると思います。他方，相手より優位に立ちたい願望の人は，いつも他者と競争しすべての関係で一歩前に出ようとする傾向があります。また，自主性を好む人は，人から支援されることを避けようとするでしょう。さらに，いつも不公平な話をする人との関係では，深入りしないようにその相手を避けて不快感から逃れることもあります。それでも，仕事や何か避けられない状況に陥ってそうした人とつき合わなければならないときには，事務的・社交的態度が"わかる"ようにつき合うサインの出し方

を学んでいく人もいます。

　このように，人は，他者とつき合うときに，ルールや経験から得た知識を用いて，誰とどのような関係を育てたいのか，拒むのかを個人的な好みで選択していく一面があります。

■文化的ルールの中の関係

　コミュニケーションの一面には，文化的ルールの制約の範囲で行うという事実があります。

　たとえば，礼儀正しさ，機転，落ち着き，敬意，物腰，屈辱，当惑，面目を保つ，失う，などの用語を，どういう意味で使うのか。なぜ，礼儀が必要なのか。なぜ，社会的出来事や状況を“場面”として捉えて，人が“役割”を正しく演じているのか否かを話題にするのか。なぜ，誰かとの関係の中で“だまされた”と感じたことを，その他の人が自分にそのような話題を出してきたら注意を「払う」ように伝えるのか。なぜ，人間関係に「投資する」と言ったり，人を「正当に扱う」必要があると言うのか。特に，人の感情的な反応は，どのような場面の何をみて，何を適正な・正当な“社会的交換”とみなすのか，など。これらのほとんどは，文化的なルールの範囲内で決めていることなのです。

　このようなことを踏まえて，あらためて，「効果的なコミュニケーションのための5つの要素」，「話し方の基本」，「心構え（技法）」の要点をみてみましょう。

1．効果的なコミュニケーションのための5つの要素

　コミュニケーションが「効果的」であるためには，いくつかの要素を知っておく必要があります。それは，コミュニケーションが言葉を口先だけで用いる行為ではないからです。また，私たちは，他者を受け入れる恐怖心・不信感を抱きながら，あるいは，自分のことを他者に開示しないように注意しすぎていて，形式的になりすぎたときには，よそよそしいコミュニケーションになってしまうことがあります。

　つぎの5つ要素は，コミュニケーションが「効果的」であるための方法を説明したものではありませんが，自分に備えられている要素として，「これらがいまどのような状況になっていますか」という診断型のエクササイズ（p.43）で見つめて欲しいと思います。

自己概念

　人は経験をとおして，自分の事について形成される概念（枠組み）をもっています（自分と他者との関わりの中から導き出されます）。

傾聴

　相手の言葉の背景，沈黙の中で語られているものや，相手の感情などを聴くことです。

表現の明確さ

　自分が伝えたいこと，心の中にあることを，はっきりとイメージとして描き，それを明確な言葉で表現することです。

感情の取り扱い

　自分が抱いている感情を，相手にとって効果的に伝えます。特に，怒りの感情は抑え込まずに，建設的な方法で表現することです。

自己開示

　自分のこと（特に，考え・気持ち・意見・特徴など）を包み隠さず相手に伝える（開示する）ことです（信頼は，自己開示を生みだし，自己開示はさらに信頼と理解を生みだします）。

2．話し方の基本

　相手が“わかる”ように伝える話し方は，「事実」，「影響」，「気持ち」を順序よく，相手に向けて話すことが大切です。相手の心に意識を向けて「事実」とその「影響」，「自分の気持ち」を順序よく伝えれば，あなたを相手が受け止めやすい状態になります。その理由は，「人間は，愛し愛されたい。いい人と思われたい。役に立ちたい」という本能をもっていると考えられるからです。

　「事実」とは，誰が見ても認められる客観的な事柄を示すものです。

「影響」とは，その事実（事柄）がどのような影響を及ぼすのかを示すものです。

「気持ち」とは，その影響が引き起こす話し手の気持ちを示すものです。

つぎの例を参考に見てみましょう。

例1：大学教授が説明しているときに，ある学生の耳元からの音楽がどんどん聞こえてきて，さらに音量が上がった。「授業中に音楽を聴いてどうしたいのか。必要なのか」，「そのような態度を，どうにかしなさい」と教授が言う。すると，大学教授とある学生の間のみならず教室全体にも険悪な状態が生まれた。

整理してみましょう。まず「事実」としては，ある学生が…

① 「耳元から音楽がどんどん聞こえてきた」，「さらにボリュームを上げた」

次に，「影響」関係として大学教授は…

② 「うるさくて，説明を聴く他の学生の妨げになる」

そして，自分の気持ちとして大学教授は…

③ 「授業中に音楽が必要なのか」，「授業の妨げだ。どうにかしなさい（改善してほしい）」

例2：アンパンマンのおもちゃを買って欲しいと，何度も我がままを言う息子（3歳）を邪険に拒絶しないように，お母さんから伝える。

そんなに何度も息子から…

① 「アンパンマンのおもちゃを買って欲しい」と言われるとお母さんは…

② 「今，お金がなくって，何も買ってあげられないから，つらい気持ちになるわ」

例3：よく聞く話に，「子どもには褒める（ほめる）のがよい」ということが言われますが，「君は素晴らしい」，「君は好き嫌いがないので本当にお利口さんだね」と人柄に関わる評価的な表現は好ましくありません。それは，たまたまそのときだけのことで，実態と大きくかけ離れていた場合はちぐはぐな感じを与

えたり，エスカレートして完璧さを期待するようになったり，褒められ中毒になるなど危惧される事態を招くからです。

① 「あなたがそうしてくれる」と「お母さんはとても助かる」から「嬉しいよ」

② 「食べ残さずに全部食べてくれる」と「あと片づけが楽になる」から「とても助かるよ」

この例で参考にしてほしいことは，行為（行ったこと）自体を言葉で評価しないこと，人柄に関わる評価的な用語を使用しない（依存しない）ことを意識してみることです。

3．心構え（技法）

関心をもつ

相手の話を最後まで聴いて，話題として出された内容を整理して返す，という気持ちで向き合います。そうすることで，どのような事柄を相手が伝えたいのかという真意を，的確に把握することができます。さらに，話題に出された内容によっては，その場の状況で適切な判断をしたり，その人が今何を求めようとしているのかなどを踏まえて必要な関わり（援助）も考えていくことができるでしょう。

立場を置き換えてみる

たとえば，「誰かに陰口を言われ非難されている」という妄想がある人に対しては，妄想そのものを私たちは理解することはできません。しかし，妄想そのものではなく，私たちは「悲しい」と思うその状態（心境になっていること）について，あるいは「悔しい」と思う気持ちをもった状態を認識することができます。

つまり，「相手の立場に立つ」ということは，そのときの「思い（感情）」そのものを感じることであり，認識したことが相手にも"わかる"ようにするということです。

時間を共有する

たとえば，一緒に散歩やレクリエーションなどをする（行動を共にする）ことで，時間を一

緒に過ごす。このような共同体験は，技術が必要な作業を一緒に行っていく事柄ではありませんが，「時間だけを共に過ごした」とは捉えません。

その場その時々で，またそれぞれの時間が流れていく中で，そのときの「思い（感情）」はどのようなものだったのか。何かを感じたり，認識したことがあれば，共に時間を過ごす中で起きていることを大切にできるでしょう。

話をよく聴く

相手が"わかる"ように，話を聴くときには，つぎの4つを大切にしていきましょう。

1）一貫した態度をとりましょう。
2）評価的な態度をしないこと，そのときの気持ちに共感することを大切にします。
3）相手の価値観を尊重すること，その人の人生であることを尊重します。
4）話の内容を整理できるようにしていきます。
「○○と言っているのは，△△ということですね」など，内容を確かめ合いながら伝わりにくい言葉をほぐしていくように接しましょう。

気づきの明確化シート　──わかる──

この章をとおして

1．これまでの生活で，フィードバックされた，またはフィードバックした，といった経験があればそれは具体的にどのような影響がありましたか？

2．コミュニケーションについて，あなたが気づいたり学んだことは。

3．相手が"わかる"「相手の心に伝える」について，あなたが気づいたり学んだことは。

4．この章で気づいたことや学びを，これから活かしたいと思うことは。

5．その他，気づいたこと学んだことは。

4

かかわる

ひとりではリーダーになれない

■番組のプレゼンテーションを見て

　私は「スーパープレゼンテーション（NHK
Eテレ：毎週木曜日午後11時）」という番組を
好んで見ています。この番組が楽しみなのは，
TED（価値のあるアイデアを世に広める目的
で設立された米国の非営利団体）カンファレン
スで行われたプレゼンテーションが紹介される
からです。

　この章では，当番組で「社会運動はどのよう
に起こすのか（How to start a movement）」
で話題に出されたリーダーに"かかわる"
「フォロワー」に目を移してみていきます。

■踊る１人の男性の登場と観衆の様子（動画での出来事）

　このプレゼンテーションでは，「ある１人の
男性が突然，大勢の観衆の中で着ていた服を脱
ぎ捨てて奇妙な踊りを始めた」という動画が上
映されました。その動画の中では「観衆たちが
男性が踊る姿に呆気をとられた様相で見てい
る」場面がしばらく続きました。すると，この
服を脱いだ男性のすぐ横でその動きを真似する
人が１人登場して，一緒に踊りだしました。そ
の理由は不明ですが，"かかわる"様子からは
とても仲良くしていて楽しそうに見えます。す
ると，２人，３人，４人…と徐々に真似をして
同じように踊り出す人が増えていきます。そう
なると，この踊り出す集団を遠くから見ていた
人々が，画面の外側から大勢駆け寄ってきて，

どんどん踊りに加わっていきます。この動画は
「画面に映っている人たち全員が，踊っている」
という場面で終了しました。

■リーダーであること以上に重要な運動とフォロワーの扱い

　この動画の出来事は，つぎのような"教訓"
として，解説されました。

　服を脱いで踊りだした男性のように「１人で
踊るタイプの人は，最初の何人かのフォロワー
と対等にかかわる大切さを覚えておきましょう。
重要なことは自分ではなく運動です」と語りだ
したのです。そしてこの動画の最大の教訓は，
「リーダーシップが（これまで）過大評価され
てきたこと。１人のバカをリーダーに変えたの
は最初のフォロワーの存在だったのです」とい
う力説でした。

　もしも，１人のフォロワーが登場しなければ，
服を脱いで踊った男性は変わり者扱いにされた
ままで，この運動（踊り）のリーダーにはなれ
なかったでしょう。つまり，最初のフォロワー
の登場がリーダーになること以上に重要だった
のです。それは，新たに加わるフォロワーたち
が（リーダーではなく）最初のフォロワーを真
似て"かかわる"からです。

■ポイントは「最初のフォロワー」の登場

　「運動」を起こそうと思うなら，リーダーの
行動についていく勇気をもち，他の人たちにも
その方法を示す（促す）最初のフォロワーが登

場するかどうかがポイントになります。「スゴイことをしている孤独なバカを見つけたら，立ち上がって"かかわる"最初の1人になる勇気をもってください」という呼びかけに大歓声を浴びせる観衆が印象的でした。

　本書の特徴は，リーダーを支えるフォロワーの存在と，そのフォロワーがリーダーと"かかわる"上で発揮するフォロワーシップにも着目したところです。話題提供者（Derek Sivers）が示した"教訓"は，フォロワーシップはリーダーと切り離せないという概念でした。

　この章では，リーダーに"かかわる"フォロワーとフォロワーシップをみていきましょう。

診断型の

エクササイズⅡ 『フォロワーシップのスタイル』

このエクササイズは，どのような時期にでも個人的にできるものです。自分が今，上司や同僚と関わりながら働く上でどのようなフォロワーシップを発揮して活動（生活・労働など）しているのか，フォロワーシップの4つのスタイルからバランスをみていきます。

「フォロワーシップのスタイル（『ザ・フォロワーシップ』Chaleff, 1995 野中訳, 2009)」を参考に私が作成したエクササイズです。

▶このエクササイズで学習できること

このエクササイズは，自分の働き方のスタイル（思考）の現状を見つめるものです。
○自分の働き方のスタイル（思考）を知ることができます。
○自分の生活と仕事のスタイル（思考）とフォロワーシップ・スタイルを検討します。
○職場のメンバー間の仕事に対する思考の違いや価値観を見つめる機会になるでしょう。

▶エクササイズのすすめ方

このエクササイズでは，自分がどのようなスタイル（思考）で自分をマネジメントしながら職場で働いているのか，という自分の働き方のスタイル（思考）のあり様を考えていきます。具体的には，4つのスタイル（思考）について，それぞれの質問10項目から，自分の傾向に近いものを2つ選択して，その合計値のバランスを自己診断（検討）していきます。また，自分の結果と他者の違いを比較すると，興味深いことが発見できるでしょう。

このエクササイズに要する時間は，質問紙への個人記入（10分），小講義（10分），グループ討議（20分）を目安にします。つぎに，進め方を説明していきます。

1．質問紙への個人記入

1）この記入作業は個人で行います。Off-JTや研修講座などでは，全体が同時に進むように，ファシリテーター役の人が各項目1つ1つを読み上げて進んでいくと，全体の終了時間も揃うでしょう。

2）記入する前に，自分が日常でどのようなフォロワーシップを発揮しているかを考えてみましょう。方法は，「私のフォロワーシップは，○○○です」というように，3分間程度で自問自答を繰り返すように行うとよいでしょう。

3）「質問紙」（p.59）を用意して，自分に最も近い事柄を選ぶように心がけて記入しましょう。質問紙の1から10までの項目それぞれの<u>横列に並ぶ</u>4つの言葉の中から2つ以内で選びます。自分に「傾向がある（あてはまる）」を○，「時々ある」を△で囲みます。現状把握を行うものなので，理想や期待で答えないように注意しましょう。

2．得点の集計

1）（一）（二）（三）（四）の○を2点，△を1点として，<u>縦ごとに</u>合計得点を記入します。

2）「フォロワーシップ・スタイルのプロフィール」には，（一）（二）（三）（四）の思考スタイルごとの合計点の位置に印をつけそれらを線で結びます。出来上がった形が自分のスタイル（あくまでも自己診断によるもの）です。

３）この印が基本線と交わる点が，各「○○○
思考（スタイル）」の位置です。基本線上の
位置を見たり，（一）（二）（三）（四）の変形
具合は小講義Ⅰ（p.60）を参考に見て考えて
みましょう。

３．小講義，グループ討議（自分の思考のスタ
イルの把握にむけて）

１）これらの（一）（二）（三）（四）の特徴的
な面を思考の位置関係を小講義Ⅰで説明して
います。この４つの思考のバランスを検討す
る際の参考にしてください。何かのヒントが
浮かんで来たり，自分自身の中に何らかの変
化が起きることも考えられます。

２）グループになって，どのようなことがわ
かったり気づいたのかわかちあってみましょ
う。今後の仕事や人生（生き方）における自
分自身のマネジメントや，職場の上司や同僚
に対するフォロワーシップの状態を捉えなお
す機会になるでしょう。

これらの取り組みをひととおり終えたら，こ
のエクササイズで学んだことなどに関連する
「小講義Ⅰ」を再度読んで，学習をすすめてく
ださい。なお，この章に掲載しなかった「小講
義」を紹介しますので，今後の参考にするとよ
いでしょう。

・小講義「心の４つの窓」星野欣生（著）『人間関係づ
くりトレーニング』（2003，金子書房）
・小講義「リーダーシップはあなた（みんな）のもの」
星野欣生（著）『職場の人間関係づくりトレーニン
グ』（2007，金子書房）
・小講義「受け容れるとは」津村俊充・星野欣生（編）
『実践 人間関係づくりファシリテーション』（2013，
金子書房）

『フォロワーシップのスタイル』質問紙

項目 ＼ スタイル	（一）	（二）	（三）	（四）
1　目　的	導かれる	賛同する	存在している	対立的にいる
2　使　命	重視する	従順になる	利用される	率直でいる
3　存　在	冒険的にいる	頼りになる	特殊技能がある	怖いもの知らず
4　人間関係	関係を育む	協力的になる	予備要員でいる	反抗的になる
5　責　任	引き受ける	擁護する	義務は果たす	思い上がる
6　問　題	立ち向かう	気が利く	中立的	孤立しがち
7　重視する	長所と成長	チーム	他に興味がある	現実主義
8　マネージャ	見解を補完	見解を補強する	第三者にこぼす	独自の考えがある
9　権　力	対等の関係築く	権威を尊重する	注目を避ける	恐れない
10　集団の中	自問自答する	月並みにする	身を委ねる	頑固になる
計(○2点, △1点)				

○　傾向がある（2点）　△　時々ある（1点）

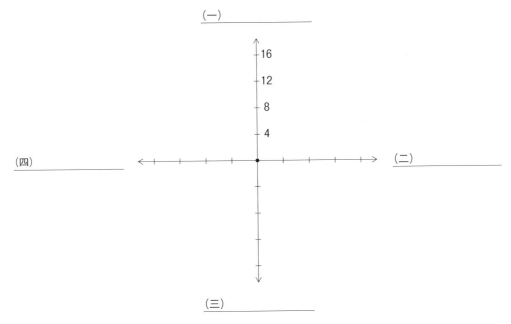

フォロワーシップ・スタイル のプロフィール

小講義Ⅰ　リーダーを支えるフォロワー

近ごろは，組織が取り組むプロジェクトが大規模になり複雑化・高度化しています。それらの仕事を扱う職場や組織の代表者は，スキルを向上させることが必要です。このようなことから，リーダーやリーダーシップをタイトルに掲げる文献が際立って多いようです。しかし，仕事は職場や組織の最高権限と責任のある代表者だけの努力で成り立つことではありません。本書では，これまでに扱われてこなかった「フォロワー」として，メンバーがもつ力や組織内の部下の働きに注目しています。

では，「フォロワーシップ」とはどういうものなのか？　そのあり方について，簡単に述べていきたいと思います。

■フォロワーとフォロワーシップ

組織は，共通目的とリーダー，そしてフォロワーという3つの要素で成り立っています。現実は，リーダーの人数よりも，それ以外のメンバーの人数がはるかに多いのが職場や組織です。したがってリーダーが頼りにするのは，まず側近として働く人々（フォロワー）からの支援です。リーダーはこのフォロワーたちの支援があることで，賢明かつ効果的な力を長期間行使できるのです。つまり，現場を熟知するフォロワー・部下の存在が側にあるからこそ，職場や組織の力を最大化できる，といえるでしょう。

いかがでしょうか。フォロワーが，代表者や上司のリーダーシップを補完する重要な立場にあることが，少しわかったと思います。これまでは，リーダーシップが過大評価されてきましたが，メンバーとしてのフォロワーたちがもつ力（フォロワーシップ）をいかに発揮させるのか，というように捉えなおすこと，そのように捉える必要があるでしょう。

■フォロワーシップ

フォロワーシップは，リーダーを支えるフォロワー（側近の人）や組織内の部下の働き（メンバーシップや部下力と呼ばれる）を指しています。特に，リーダーや上司の指導力や判断力などを補う重要な働きをフォロワーシップと呼んでいます。これは，「現場を熟知しているフォロワー・部下の存在が組織の力を最大化させる」，という考え方です。言い換えれば，組織の規模や種類に関係なく，あらゆる領域のリーダーの身近で働くフォロワーたちの勇敢で迅速な行動が，権力の乱用からリーダーの力を正しい方向に導くことができるというものです。

■フォロワーシップのスタイル

普段からフォローという言葉を使うことはありますが，フォロワーのフォロワーシップという言葉は聞こえてきません。

フォロワーシップのスタイルは，フォロワーの性向（性質の傾向）や，リーダーに対する基本姿勢によって，4つの次元があります（図4-1）。ここでは2つの軸（貢献力，批判力）からなる座標のどこに自分が位置しているのかを見てみます。まず今後の自分の核となる性向や基本姿勢を明確にして，どのようにリーダーと関わるのかを考えてみましょう。

（一）模範的フォロワーシップ：貢献力（高），
　　　批判力（高）

この象限に当てはまる人は，リーダーを精力的に支えると同時に，リーダーの言動や方針に対して積極的に異議を唱えるタイプです。このタイプはリーダーの真のパートナーと捉えることができる者として，勇敢なフォロワーの特性を備えています。この特性はさらに強化して能

力を磨くこともできるので，さらに成長が見込めるといえそうです。

(二) 順応型フォロワーシップ：貢献力（高），批判力（低）

　この象限に当てはまる人は，リーダーがこうあって欲しいと望むタイプです。リーダーは，職務をきっちり果たしてくれて，いちいち説明したり監視する必要がないフォロワーを頼りにします。しかし，このタイプはリーダーが道を踏み外しても警告を発しないでしょう。たとえ警告を発しても，リーダーの押し返しがあるとあっさり諦めてしまいます。このタイプが成長するためには，効果的かつ生産的な批判の方法を身につけて，リーダーの問題行動や方針に対して，異議を申し立てることに積極的になる必要があります。

(三) 消極的フォロワーシップ：貢献力（低），批判力（低）

　この象限に当てはまる人は，給料に見合うだけの仕事はするがそれ以上の働きはしない（環境的に許されない状況にある）タイプです。個人的な状況を自分の仕事よりも優先するので仕事上の成長も望めないし，組織に対する大きな貢献も期待できません。このタイプが成長するには，自身が組織の一員であることを自覚し，自分以外を優先する覚悟が必要です。それができればリーダーに対するサポート力も向上し，修正が必要なリーダーの方針や言動もしっかりと見えるようになっていくでしょう。

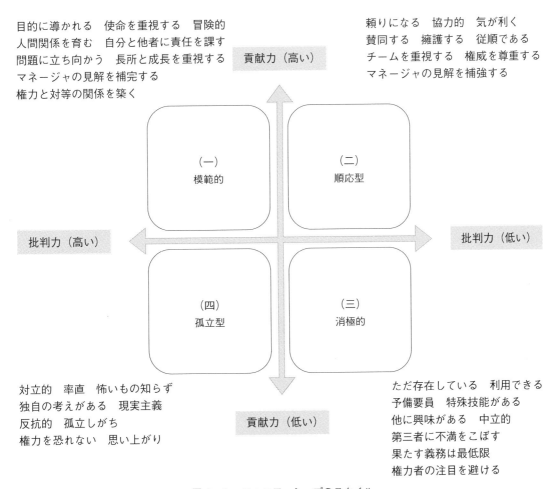

目的に導かれる　使命を重視する　冒険的
人間関係を育む　自分と他者に責任を課す
問題に立ち向かう　長所と成長を重視する
マネージャの見解を補完する
権力と対等の関係を築く

頼りになる　協力的　気が利く
賛同する　擁護する　従順である
チームを重視する　権威を尊重する
マネージャの見解を補強する

貢献力（高い）

批判力（高い）

批判力（低い）

(一)
模範的

(二)
順応型

(四)
孤立型

(三)
消極的

対立的　率直　怖いもの知らず
独自の考えがある　現実主義
反抗的　孤立しがち
権力を恐れない　思い上がり

貢献力（低い）

ただ存在している　利用できる
予備要員　特殊技能がある
他に興味がある　中立的
第三者に不満をこぼす
果たす義務は最低限
権力者の注目を避ける

図4-1　フォロワーシップのスタイル

（四）孤立型フォロワーシップ：貢献力（低），
　　　批判力（高）

　この象限に当てはまる人は，服従心がとても乏しくリーダーや他のメンバーの行動や方針にズケズケと自分の意見を言うタイプです。少々懸念がありますが他のメンバーたちが無難な方策を選ぶようなら，組織に必要な存在です。しかし，このタイプは周囲と足並みを揃えようとしないので，阻害され，リーダーはどうにかして締め出そうとします。このタイプが成長するには，共通目的を実現させようとイニシアティブを発揮するリーダーを目に見える形で支えることで，阻害された状況から脱却していくことが必要です。

■フォロワーシップを発揮する（リーダーや上司に影響を与える）心得

　フォロワーシップを発揮するときの心得は，パートナーシップ（損益を分配する協力関係など）の考え方と一致します。ここでは，その心得を箇条書きにして示しておきますので参考にしてください。

○パートナーシップの心得として…
　・あなたの上司は常に十分な情報をもっているものではない。
　・上司は全てに対応できるものではない（それほど，世界はどんどん複雑になっている）。
　・マネジメントがうまくいっているかどうかを知っているのは，部下のあなたです。

○フォロワーとリーダーの間の関係を，パートナー関係に転換するために…
　・大きな間違いをリーダーにさせないこと。
　・リーダーが悪く見えるようなことはさせないこと。
　・行動を起こす前に，必ずリーダーに必要な情報を与えること。
　相手から要請がなくても，双方が貢献力と批判力を発揮する関係がパートナーシップです。

○パートナーシップを円滑にするためには…
　・目指す共通の目的に対して，お互いが忠実であること。
　・個々の利益よりも，全体の利益を優先させること。
　・異なったスキルやモノの見方を尊重し，それらを活用すること。
　・お互いの弱点を受け入れること。
　・「ひどいと感じさせる」言動に悪意がないこと（間違った情報や不適切な解釈でコトを起こさない）。
　・組織のためにベストを尽くそうとしているパートナーは，知的で能力があると捉えること。
　・プロジェクトマネージャ・上司は，フォロワー・部下の自主性に期待するだけではなく，彼らのフォロワーシップを高める努力と必要な支援をすること。
　・プロジェクトの成功の鍵は，フォロワーシップの醸成・育成すること。

相互理解体験の
エクササイズ『勇敢なフォロワー』

このエクササイズでは，グループメンバーをふさわしいフォロワー姿勢の記述にあてはめることによって，相手に対するフィードバックを行うものです。7人程度で行い，「勇敢なフォロワー」としての姿勢を効果的に学ぶことができるでしょう。

このエクササイズ「勇敢なフォロワー」は，書籍『ザ・フォロワーシップ（Chaleff, 1995 野中訳，2009）』の中で説明されている内容を参考に私が作成したものです。

▶ このエクササイズで学習できること

これまでの活動をとおして，「このような働き方（日常的な生き方）や生活スタイル（思考）をする人だ」，「このようなスタイルの人だ」といったように，メンバーそれぞれがお互いをどう捉えているかを知ることができます。その一方で，「メンバーそれぞれはどのような一面をお互いに捉えていたのか」をみつめることで，一人ひとりお互いの意外な一面を知る機会にもなり素直な気づきを得ることでしょう。
○他者から見た自分の態度や特徴について学ぶことができます。
○自己理解，他者理解を深めるフィードバックの大切さを学ぶことができます。
○「フォロワー」の勇敢な姿勢を知ることで，人それぞれのものの考え方や価値観の違いに気づき，お互いの理解を深めます。

▶ エクササイズのすすめ方

ファシリテーター役が別にいて7人で実施する場合（※）を説明します。

このエクササイズは，導入・すすめ方の説明（5分），個人記入（15分），一覧表づくり（10分），話し合い（30分），コメント・小講義・まとめ（20分）の順を目安に，次のように進めます。

1．記入用紙への個人記入
1）1人1枚，p.65にある「記入用紙」を用意（配布）しましょう。
　※職場の Off-JT や研修講座などでは，全体が同時に進むよう課題表紙の項目ごとに全員で読み上げながら記入していくと終了する時間も揃うでしょう。
2）7人が輪になって，椅子にお互いの表情がよく見えるように座ります。各グループは互いの邪魔にならないように距離をおいて，全グループが1つの部屋で実施します。
　※メンバーが6人以下の場合には誰も当てはまらない項目が1〜2つ残ることになります。また，8〜9人の場合では，どれかの項目の枠内に複数のメンバーの氏名を記入します。
3）「フィードバックの留意点」（p.41）をゆっくりと読み上げて，その内容を全員が確認しておくようにしましょう。
4）「記入用紙」の〈個人決定欄〉に書かれている言葉について，各項目に当てはまるメンバーの名前を記入して，その理由もわかりやすく書くようにします。
　※このときは，誰にも相談しないで，1人で考えて記入します。一緒に作業をしたことがないメンバーがいる場合は，うわべだけの印象を交換する残念なエクササイズになるので注意しましょう。

5）必ずメンバー全員の名前を項目に記入します。また，書き終わった人から「フィードバックの留意点」（p.41）を再度（全体的に）読んでみるようにしてください。

2．一覧表の作成と話し合い

1）全員が記入し終えたら，7人が輪になって座る状態になっていることを確認します。

2）「グループ一覧表」（p.65）のメンバーの氏名欄は，全員が同じ名前の配列になっていることが望ましいので，左側から順に同じ配列で名前を記入していきます。

3）全員の名前を同じ配列で記入したら，選んだ理由は話さずに，左側の欄のひとから順に自分が選んだ人の名前を読み上げていきます。それを聞きながら他のメンバーは上から下へと各項目に選ばれた名前を記入していく作業を，全員が行います。

4）メンバー全員の読み上げが終わると，「グループ一覧表」の出来上がりになります。結果として，全員が同じ〈グループ一覧表〉を作成したことになります。つぎに，「グループの話し合いのテーマ」（p.66）を用意してそれに基づいて自由に話し合いを始めてください。できれば，「グループの話し合いのテーマ」は左側の欄の人から順に話し合うのがよいでしょう。時間は30分くらいを目安とするのが適当です。

3．ふりかえりとわかちあい

1）話し合いが終わったら，各自が「プロセスシート」（p.67）を記入します。良い悪いは考えないで，ありのまま自分が思うことを記入してみることが大切です。

2）全員の記入が終わったらわかちあいをします。各自がエクササイズの中で気づいたり感じたりしたことを「プロセスシート」の中から1つ選び，順番に記入したことを読んでいく形で進めていきます。他者の発表から，自分では気づかなかったことなど，お互いに自由で開放的だと気づくことがあるでしょう。

3）グループでのわかちあいが終わったら，（グループが複数あれば各グループから）おおよその話題を発表し合うなど，ねらいと関連させながら伝え合って終了します。

4．コメント・小講義

上記までの取り組みをひととおり終えたら，このエクササイズで学んだことなどに関連する「コメント」や「小講義」を読んで学習をすすめてください。なお，この章に掲載しなかった「小講義」を紹介しますので今後の参考にするとよいでしょう。

・小講義「"思い込み"あれこれ」星野欣生（著）『人間関係づくりトレーニング』（2003，金子書房）
・小講義「フィードバックは成長の鏡」星野欣生（著）『職場の人間関係づくりトレーニング』（2007，金子書房）
・小講義「自己受容と他者受容」津村俊充・星野欣生（編）『実践 人間関係づくりファシリテーション』（2013，金子書房）

『勇敢なフォロワー』記入用紙

　メンバーの中で，自分の「勇敢なフォロワー（重要な側近者）」にふさわしいと思う1人を選んでメンバーの名前をそれぞれの線上に記入してください。

〈個人決定欄〉 自分は除いて，全メンバーを必ずいずれかの項目に選びます

【責任を担う人】
・自らを活かす場をつくり，リーダーに貢献しようとする人　　　　─────
　（理由は…）

【役割を果たす人】
・リーダーの力不足を察知して，責任を引き受ける人　　　　─────
　（理由は…）

【異議を申し立てる人】
・リーダーを支持するが，不正には異議を伝える人　　　　─────
　（理由は…）

【改革に関わる人】
・リーダーと団結して，困難な職場改革をする人　　　　─────
　（理由は…）

【良心に従って行動する人】
・リーダーに反対する心得と，その態度をだす人　　　　─────
　（理由は…）

【立ち去る人】
・存在価値を見出せないので，自ら脱退する人　　　　─────
　（理由は…）

〈グループ一覧表〉　※特に司会者はおかずにメンバーの説明を聴き必要な討議をする

項目＼メンバーの氏名						
責任を担う人						
役割を果たす人						
異議を申し立てる人						
改革に関わる人						
良心に従って行動する人						
立ち去る人						

グループの話し合いのテーマ

以下のテーマ について，話し合ってみましょう。

☆ 「それぞれの項目で選んだ人」の理由は？
　　その理由を順番に話してみましょう。

☆ 「自分は，どの項目に多く選ばれる」と思っていたか？
　　その理由と実際の結果を順番に話してみましょう。

☆ 特定の人同士が選び合っている項目はあるか？
　　それは同質か？　異質か？　その特性がわかれば話してみましょう。

☆ 「特定の人が選ばれている項目」はどれか？　なぜか？
　　その人が特定の項目で選ばれていないのはなぜか，話してみましょう。

☆ 「自分が選ばれなかった項目」はどれか？
　　その理由と実際の結果を順番に話してみましょう。

☆ 「自分がメンバーにどのように思われている」のか？
　　その内容と職場での実際の自分を順番に話してみましょう。

☆ 「その他，気づいたこと，感じたこと」は？
　　自分の言葉で順番に話してみましょう。

『勇敢なフォロワー』プロセスシート

エクササイズをふりかえります。
自分の言葉で，自由に感じたままを記入してみてください。

1．次の文章に続くことを思いつくまま書いてみましょう。

◎ 少し，満たされたことは…

◎ 少し，衝撃的だったことは…

◎ 少し，残念だったことは…

◎ ここであらたに気づいたことは…

◎ メンバーについてここで気づいたことは…

（誰の）　　　　　　　（どのような言動から）　（どのような影響を受けたか）

＿＿＿＿＿＿さんの，　＿＿＿＿＿＿＿＿　＿＿＿＿＿＿＿＿＿

＿＿＿＿＿＿さんの，　＿＿＿＿＿＿＿＿　＿＿＿＿＿＿＿＿＿

＿＿＿＿＿＿さんの，　＿＿＿＿＿＿＿＿　＿＿＿＿＿＿＿＿＿

2．その他，このエクササイズで気づいたこと，感じたことなどを自由に書いてみましょう。

コメント

このエクササイズは，会社，プロジェクト，サークルなどで活動を共にしていたり，数日間の研修プログラムを共に経験した者同士が，相応しいフォロワーを選び合ってみるものでした。お互いに相手に対して気づいたり感じたりしたことを，与えられた質問項目にあてはめていくことで，相互の思いを伝え合い，自己理解や他者理解を深めお互いの関係づくりに役立てていく工夫（ヒント）を提示するエクササイズでした。

このエクササイズ（個人記入用紙）の質問内容は，通常の職場ではあまり見られないスタイル（行動や思考）なので多少の違和感を覚えるものです。特に，リーダーに対して行う態度としては多くの人が「相応しくない」と感じる表現だと解釈できるものもありました。

しかし，リーダーは「支配者ではありません」から，職場や組織の状態が望ましい方向に向かうために「働きかける」人は誰なのか？その働きかけをメンバーがとるとしたら，そのための行動の中には勇敢さが必要だろうと思います。

私たちは，「自分はこういう人間である」と自分で考え判断していることが多いものですが，果たしてそれだけで自分をわかっているといえるのでしょうか。また，エクササイズをとおして気づいた人もいると思いますが，多くの場合，一緒に活動する前や研修前の「第一印象」とその後知ることになったその人の実際は一致しな

いものです。したがって，「第一印象で人を判断してはいけない」ということになりますが，どうしても誰もがもってしまうものが第一印象です。つまり，自分が相手に対してもっている第一印象をいつも意識し，それが相手の「ありのまま」と違っていることに気づいていることが必要だと思います。

このエクササイズでは，質問がフォロワーの「勇敢な行動」であるために，相手にとってかなり勇気が必要だったり，チャレンジするような表現になっていますので，自分が相手に対する素直な表現を選ぶことができたのかが問われます。

しかし，このエクササイズはあくまでも今，この場（研修の会場）での自分に対するフィードバックをもらうものです。その後は自分自身が，研修以外の場（たとえば仕事上）での自分と比較することによってより他者との"かかわる"自分のことを明確にできるでしょう。

またこれは，自分からすると「自己開示」するもので，相手からすると「フィードバック」されたといえますが，なぜそう思ったのかをお互いに伝え合うことで，相互の理解が深まっていくと考えられます。この「自己開示」と「フィードバック」はそれぞれが別物ではなく関連し合っているものなので，人間関係にとって大切な要素であることを知っていてほしいと思います。

小講義Ⅱ　フォロワーとリーダーの関係

　フォロワーとリーダーの関係には，思いやりをもつこと，お互いを尊重し合うことが何よりも大切です。その鍵となるのが，リーダーとフォロワーの距離の近さと勇気です。たとえリーダーに欠点があっても不満を嘆くばかりではなく，リーダーがその才覚を発揮すべきとき近くに有能なフォロワーがいれば，職場や組織の大きな助けになります（メンバーシップ・部下力と呼ばれるもの）。

　「メンバーシップ」とは，「一人ひとりが自発的にチームに寄与する力」，「チーム（組織）のゴールに共感し自らの役割をイメージできる力」，「自律した言動ができる力」，「“チーム”のことを考え全体を見て判断できる力」です。要するに，組織やリーダーから期待される役割を理解してその役割に徹する力を意味しています。

　したがって，フォロワー・部下のフォロワーシップをいかに醸成して高めていくことができるのか，職場や組織が取り組むプロジェクトにどのような結果を招くのか，という重要な鍵を握っているのがリーダーです。

■メンバーの力を引き出すリーダーの役割

　プロジェクトを成功に導くためにリーダーが果たす役割は，プロジェクトメンバーを含むステークホルダー（消費者などの利害関係者）の力を引き出すことです。メンバーの力を引き出すためには，明確なビジョンを提示し，目的・目標を共有するリーダーシップを発揮することが必要です。大切なことは，メンバー個々人の目標と，組織やプロジェクトの仕事を結びつけさせることです。これがメンバーからプロジェクトへの貢献・献身・工夫する姿勢を生みだします。理由は，「すべてはプロジェクトの成功のため」という価値観が，仕事の優先順位やス

テークホルダーとの交渉基準になると考えられるからです。

　ところが，フォロワーシップはリーダーシップの重要性に反するように捉える人もいるかもしれません。しかし，組織論の研究成果によると「組織運営におけるリーダーがもつ影響力は10～20％にすぎないので，残りの80～90％がメンバーのリーダーを支える力で成り立っている」とされています。つまり，このようなメンバーのもつ力はリーダーシップと対になる概念として捉えておくことができるのです。

■フォロワーシップの力（貢献力と批判力）

　フォロワーに求められることは，上司より現場を知った上で，業務についての建設的な考え方を提案することです。ロバート・ケリー著『指導力革命―リーダーシップからフォロワーシップへ（1992 牧野訳，1993）』によると，上司の指示に従って積極的に目標の達成に邁進する力（貢献力）と，上司の指示が正しいかを自分なりに考え，必要があればあえて提言する力（批判力）がフォロワーシップであると説明されています。つまり，「貢献力」が高いとは，組織の活動に積極的にコミットしようとする態勢が整っていること，「貢献力」が低いとは，消極的・受け身の姿勢をとっていること，と捉えます。また，「批判力」が高いとは，組織や上司の価値観に対して建設的に批判をする姿勢である一方，「批判力」が低いとは，無批判・依存的な姿勢であること，と捉えます。

■フォロワーのタイプと特徴

　フォロワーのことをより理解するために，どのようなタイプや特徴が考えられるのかもう少し具体的に示しておきます。

フォロワーのタイプとその特徴を,「貢献力」と「批判力」の組み合わせによって分類すると,5つのタイプになります。

（1）模範的フォロワー：貢献力が高く，批判力も高い

批判的思考（クリティカル・シンキング）を独自にもっていて，リーダーやグループの動きを見極めながら自主的に行動できるメンバーです。「知力を含む，あらゆる才能を組織やリーダーに捧げている」「リーダーの職務を補い，あるときにはリーダーの困難な仕事を引き受ける」といった特徴があります。また,「最少の資源で最大の効果をあげるためには，この仕事はどうだろうか?」と自問する習慣（クリティカル・パスの立場）が身についている，と他のメンバーが思っています。

（2）順応型フォロワー：貢献力が高く，批判力は低い

「気安く仕事を引き受け，喜んでこなす」「チームプレイヤーだ」「リーダーや組織を信頼し身を委ねている」という自己イメージをもっているメンバーです。また他のメンバーから「自分の意見をもたない」「媚びへつらい自分を卑下する」と思われています。摩擦を恐れているので，本心では断りたいことでも「ノー」と言えない人だとも捉えられています。

（3）消極的フォロワー：貢献力が低く，批判力も低い

「リーダーの判断や考えに頼るべきだ」「上司が指示を出したときだけ行動を起こすべきだ」と考えているメンバーです。他のメンバーからは,「勤務時間に仕事に来ているだけで何もしていない」「ノルマをこなしていない」と思われています。

（4）孤立型フォロワー：貢献力が低く，批判力は高い

「自立した考えをもつ一匹狼」や「自分が組織の良心である」といった自己イメージをもっているメンバーです。他のメンバーから「問題児・ネガティブ」「不満分子」「頑固で判断力に欠ける」「チームプレイヤー向きではない」と思われています。

（5）実務型フォロワー：貢献力は中位，批判力も中位

「仕事を遂行するために組織をどう動かしたらいいか承知している」,「バランスのとれた見方をする」という自己イメージをもっているメンバーです。他のメンバーからは,「まあまあの情熱，月並みな手腕で業務をこなす」,「危険を嫌う」,「失敗したときの逃げ道を用意している」と思われています。これを厳しい言い方にすると,「変革を嫌ってルーティン・ワークに逃げていて創造的な仕事をしない」という評価になります。

このようにさまざまなタイプのフォロワー（部下）がいるので，組織のマネジメントは一律では対処できないし，なかなか一筋縄にはいかないことがわかると思います。

■模範的なフォロワー（のヒント）

では，模範的なフォロワーになるためには，どのように取り組めばよいのでしょうか。ここでは,「貢献力」と「批判力」の2つの軸を基にヒントを示します。

孤立型フォロワーが模範的（フォロワー）になるためには,「貢献力」に対するネガティブな一面を克服して前向きな仕事ぶりで従事することが大切です。

また，順応型フォロワーは批判的思考を身につける訓練（実際の現場でWin-Winの関係を志向した交渉の経験）を積む必要があります。このWin-Winの関係を模索するために建設的に対峙・議論することで，相手との関係が壊れないことを知ることになります。

実務型フォロワーは,「後悔より安全」の価値観をもっているので,「あなたが生き残るだけで満足か?」と問いかけること（自問自答）がよいでしょう。実務型フォロワーは，より高い目標をもつことによって目線が上がり模範的（フォロワー）になることができます。

消極的フォロワーはまず「フォロワーシップとは何か？」を知ることから始めましょう。フォローの意義は，受け身でいることとは本質的に異なる（考えないことでも，消極的でいることでもなく，スポーツを観戦するようなことでもない）ことを知っておくとよいでしょう。

■フォロワーシップと人間関係

リーダーに影響を与えるフォロワーなのかどうかは，両者の間に築かれた人間関係の質によって決まります。リーダーとの間に望ましい関係を築くことは戦略的行動ですが，人間関係は戦略的な行動から築くものではありません。影響力をもつ素地は，誠実な心で相手を思いやること，そのためには相手に対する興味と好奇心を抱いて「謙虚に問いかけること」も重要です（Schein, 1998 稲葉・尾川訳，2012）。また，さまざまな体験を共有しながらお互いの理解と信頼を育む過程で築くものが「人間関係」だと捉えることが大切です。

小講義Ⅲ　フォロワーの思考（戦略的な着眼点）

「フォロワーシップ」（p.60）の説明にあるように，ときに勇敢で迅速にリーダーの力を正しい方向に導く思考として，現場を熟知しているフォロワーは，組織の力を最大化させるための戦略的な着眼点をもっていると考えられます。

この勇敢なフォロワーの存在は，表面的な「その場しのぎ」，「問題の転嫁」など組織が宿命的な混迷の中にある状態から，脱却できる職場モデルの中でその影響力の発揮が求められています。ここでは，フォロワーの思考には，人々の関係性を高める「成功の循環モデル」と，表面的な「その場しのぎ」，「問題の転嫁」など組織が宿命的な混迷の中にある状態から，戦略的思考に導く「学習する組織」に注目してみましょう。特に，「観察する主体である自分と，観察される対象との間に境界が存在している」という「学習する組織」の捉え方は，本書で提供する「ラボラトリーメソッドの体験学習」が大切にしていることと共通することでもあります。

この観察する者と観察される者の間にある境界は「自分が実際には問題の一部になっていたとしても，どうしても自分がその問題の一部に組み込まれていることを認知できないので，問題の対象を他者に向けてしてしまう」ことが懸念されています。

■成功の循環モデル

組織活動は，素晴らしい結果を求めても「目標の達成」はなかなか難しいようです。

ダニエル・キム（元マサチューセッツ工科大学教授）は，思考の質と人々の関係性を高めることの重要性を明らかにした「成功の循環モデル」を提唱しています（図4-2）。この「成功の循環モデル」の基本的な考え方では「グッド

サイクル」と「バッドサイクル」を4つの流れで説明し，結果だけを追い求めてもなかなか「目標の達成」ができないこととして示しています。

■結果の質から悪循環へ（バッドサイクル）

結果だけを求めて「結果の質」を向上させようとすることから始めていく循環が「バッドサイクル」です。この「バッドサイクル」では，なかなか成果が上がらずに「結果の質」が低下していくので，対立や押し付け，命令が横行するようになって「関係の質」が低下していきます。一時的な成果がでても，それはメンバーが追い詰められた状態で出した成果にすぎません。これでは，組織内には何も浸透しないし，結局持続しないので，同じサイクルにおちいっていきます。「関係の質」の悪化は，メンバーが考えることをやめて受け身になっていくので，仕事がつまらないと感じて「思考の質」も低下します。受け身なので，自発的・積極的な行動がなくなって「行動の質」が低下するので成果は上がりません。つまり，「結果の質」がより低下していくのです。なかなか成果の上がらない停滞する組織には，このようなサイクルに陥っていることが散見されるということです。

■関係の質から好循環へ（グッドサイクル）

一方，「関係の質」を高めることから始める循環が「グッドサイクル」です。「関係の質」を高めるとは，お互いを尊重し相互の理解を深め，一緒に考えるようにすることです。この「関係の質」から始める循環では，自ら気づくようになるメンバーが増えていきます。しかし，これらは自然発生的なものではないので，勇敢なフォロワーが誰よりも先に気づいて行動し，

メンバーがその関係の質がもたらす効果を感じるようになり，「思考の質」が向上していきます。関係がもたらす効果を面白いと感じるようになったメンバーは，自分で考え，自発的に行動するようになって「行動の質」が向上していきます。その結果として「結果の質」が向上し，組織の成果も得られるようになることで，メンバー間の信頼関係も増し「関係の質」がさらに向上していきます。

■信頼関係と関係の質

　このように「関係の質」の大切さを誰も理解していない（「結果の質」だけを求める）場合では，部下との信頼関係を築く関係も生まれにくいので，どのような工夫を繰り返しても結果が出ない状況から抜け出すことができません。したがって，遠回りするように感じても，まずメンバーとの「関係の質」を何より先に高めることが成果を持続的に得るための近道だと考えましょう。この「関係の質」に「かかわる」存在が勇敢なフォロワーなのです。

　最終的な成果の「結果の質」を高めるためには，サイクルの起点の「関係の質」に働きかけることが効果的です。そして，その基盤となるのが，その場で意見表明ができる「安全・安心（自分への否定や批判，攻撃につながらない）」な関係性が担保された組織の土壌づくりです。マネージャが大切にすべきことは，「結果」に傾斜させる注意喚起の前に，「関係の質」を高める環境・風土づくりに取り組むことをないがしろにしないことでしょう。そのために勇敢なフォロワーが“かかわる”ことが期待されるとするのが私の考え方です。

■学習する組織

　「集団」は個（人）の「集まり」であり，この個（人）の「集まり」が機能することでチームになります。チームとは，時間をかけて全体が機能していく知恵を身につけていく個（人）の「集まり」のことを指しています。このよう

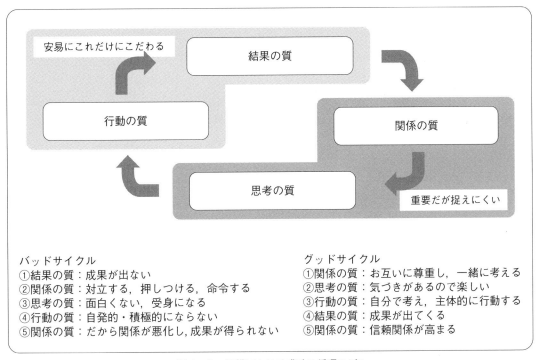

バッドサイクル
①結果の質：成果が出ない
②関係の質：対立する，押しつける，命令する
③思考の質：面白くない，受身になる
④行動の質：自発的・積極的にならない
⑤関係の質：だから関係が悪化し，成果が得られない

グッドサイクル
①関係の質：お互いに尊重し，一緒に考える
②思考の質：気づきがあるので楽しい
③行動の質：自分で考え，主体的に行動する
④結果の質：成果が出てくる
⑤関係の質：信頼関係が高まる

図4-2　組織における成功の循環モデル

Kim, D. H. (2001). Organizing for Learning を基に筆者作成

な考え方を示したピーター・センゲ（1994 柴田・スコラ・コンサルタント監訳・牧野訳, 2003）は, 自分たちが本当に望んでいることに一歩一歩近づいていく能力を自分たちの力で高める集団を「学習する組織」と名づけました。その本質は, 深い学習サイクル（態度や信念, スキルや能力, 意識や感性）によって形成されています。これに"かかわる"存在として期待されるのがマネージャと勇敢なフォロワーです。

■「学習する組織」の基本理念

また, この「学習する組織」の基本理念では「全体の最優先, 自己のコミュニティ的性質, 言語の生成力」を重要視しています。

全体の最優先とは, さまざまな「事物」よりも「関係」の方が基本的なものであり, 「全体」は「部分」よりも本質的な意味において根本的なものとする考え方です。

自己のコミュニティ的性質とは, 組織を「もの」ではなく, 相互作用のパターンとして見ることです。他者を共に学び共に成長していく存在として捉えるので, 他者を自分が利用する対象にしません。

言語の生成力とは, 自らの経験に新たな解釈を与えたのが言語であり, 新たな現実を引き出すものであって, 現実を描く固有のものを言語と見なすような捉え方をしません。本書で注目しているフォロワー（特に勇敢なフォロワー）の思考には, このような捉え方をする戦略的な着眼点が必要である（もっている）と私は考えています。

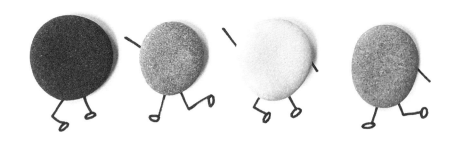

気づきの明確化シート　──かかわる──

この章をとおして
1．フォロワーとフォロワーシップについて，気づいたこと，感じたことは。

2．フォロワーとリーダーについて，気づいたこと，感じたことは。

3．「かかわる」ということについて，気づいたこと，感じたことは。

4．この章で，あなたが学んだことは。

5．その他，感じたこと，気づいたことは。

5

みとおす

ことの本質を見抜いていく

職場（会社）は，個人に対して「給料を支払う。そのかわりに働かせる」ものです。これは，上司もその部下も「会社に雇われている」ことを意味し，あたり前のことですが，社会人であるということです。しかし，違うのが役割ということなのですが，それは「何がどのように違う」のでしょうか。そもそも，役割が異なると仕事の何がどう違っていくのでしょうか。システムによって割り振られた「役割」ですが，「役割も仕事」なのかどうか，少しわかりにくいのかもしれません。この章では私の体験談を通して考えてみましょう。

私は，地方公務員として"花形の仕事"に数えられる財政係（予算編成を担う）を，20歳代の後半から30歳代半ばまで担当していました。その仕事のもつ魅力的な（自治体の全ての予算を握る）立場は，配属された者だけが担う誰もが憧れるものでした。私の得意としていたことは，理事者から認められる予算要求のための「必要性の吟味（予算要求の裏付け）と資金調達」です。これは，一般的なスタイル（要求された「予算を削る」こと）から異なる（「予算の獲得」のために原課を支援する）ものです。そのようなこともあって，それぞれの部局の課長は，予算要求前に私の裏付けを得ると理事者が認める，理事者への間接的交渉も頼める，という雰囲気がいつしか出来ていました。

ある日，いつものように資金調達（地方交付税交付金）の算定業務中に「ある"手段"」に気づきました。その"手段"は，私の生涯給与をはるかに超える「数億円の利潤」を生み出すものです。早速，その手段を実行することになり，数年間にわたって「数億円の利潤」が町に入ることが確定しました。これは，紛れもなく日常業務の中で「私が気づいたこと」で，その後の事務処理も私が行うものでした。つまり，これは「私の考えで実現した私の仕事である」という認識をもっていました。しかし，数週間後，そのことを上司（財政係長）に伝えたところ，強く「それは間違っている」とお互いが主張し合う口論になりましたが，その場を押し通したのは歳の若い私でした。その上司から「そのうち，わかるときがくる」と伝えられたことを，今でも鮮明に覚えています。

この体験は，「誰の仕事か？」という組織人としての仕事の捉え方の単純な違いでしたが，今となってはとても恥ずかしく思う私の「若気の至り」でした。上司は部下に対して指導する立場にあって，部下の仕事に対する責任を上司がもちます。したがって，「部下の仕事」は「上司の仕事」でもあるので，「上司が認める」ことが「部下の仕事」になっています。つまり，私1人の仕事ではないし，そもそも私は組織の部署に"たまたま"組み込まれた担当者の1人に過ぎないということなのです。

部下でいるかぎり上司の考えがわからないことが多い一方で，上司になれば部下のことでわからないこともあると思います。どのような立場であれ，職場・組織に組み込まれた者はそのシステムの中で活かされるのです。

■ただ乗り問題

　一方，人が集まること（集団・職場），集団が何かの活動（仕事）に取り組む中で起こることについて，社会現象的に目線をもう少し広げて考えてみましょう。国を挙げての「節電の取り組み」が2011年から行われ，節電生活をした記憶のある人も多いと思います。この東日本大震災を契機にした節電運動は，混迷する復旧復興と電力不足からくる社会全体の利便性を失わないための「国民運動」でした。あなたは当時どの程度「節電」に取り組んでみましたか。私も自宅の屋根に太陽光発電装置を設置しましたし，昼間は努めて電気の使用は控えめにしていました。最近はテレビを見ても「でんき予報」も目につかないようなので，「この国民運動は，これにて終了」ということなのでしょうか。

　この他にも，社会全体の利便性が失われかねない心配な事態が沢山あります。たとえば，「地球温暖化」や「PM2.5」など環境問題の多くがこれに当たるものです。地球規模のとても大きな問題ですから，個人の力だけではどうしても解決できないことです。誰も何もしなければ，個人も快適さを追求し企業も利益を求めすぎ，その結果地球がとんでもない状態になって自分にもいずれ被害が及ぶだろうと想像できます。しかし，「今は自分1人くらいなら参加しなくても影響ないだろう…」と思う人もいるかもしれません。

　このような集団の利益と個人の利益が対立するモデルを「共有地の悲劇」と呼びます。また，個人の利己的な利益追求で社会的コストが発生し，社会全体を悲劇に陥れるような事態を「社会的ジレンマ（social dilemma）」と呼びます。

　この社会的ジレンマは，個人が自分の意思で選べることになっていて，個人が「協力」を選ぶと不利な状態になり，全員が「非協力」を選ぶと最悪の事態に陥る構図になっています。

　この「社会的ジレンマ」の解決方法は，個人の自由意思を制限（全員で話し合い，決めたことを監視）するのか，それとも，個人の意思に委ねるのかのどちらかしかないように思われます。どちらを選ぶにしても，自分だけは快適に生活したいと思う人が「私1人ぐらいなら…影響は少ないだろう…」と思うだろう，と誰もが経験的に知っています。

　このように公共の利益を得ながら，個人的には不便から免れたいという利己的な行動は「ただ乗り問題（free rider problem）」と呼ばれています。再度，国民運動の「節電」が始まれば皆さんの多くの職場で上層部から節電指示が出されるでしょう。しかし，一方的な指示が出ても，うまく立ちまわりたい，あまり目立たないように“ぬくぬくしていたい”，などという個人が本気で行動を改めない限り，さほど効果は見込めないかもしれません。また，ボヤボヤしていると，周りで観ている人が多くなれば多くなるほど，観ているだけの人が増えていくことになります（傍観者効果）。

　似たような現象が職場で起きている，と思う人もいるのではないでしょうか。

　さて，この章ではこれまで説明してきたように，個人が納得して活動していくための過程でどのようなことが集団の中に起きているのかに着目してみましょう。

　それでは，上司と部下のちょっとした仕事の違いについて，何らかの気づきが得られるエクササイズをつぎに紹介します。

よくある職場事例の

エクササイズ『あおぞら花子さんの職場』

このエクササイズは、『社会福祉現場の人材育成における MRI アプローチの活用（岡本、2013）』にある事例を参考に私が作成したものです。

▶ このエクササイズで学習できること

○ 人が人を理解し、どのような協働が働く上で大切なのかを学びます。
○ 職場のマネジメントの基本を、システム思考やマネジメントの視点から考えます。
○ 職場の問題処理のあり方を話し合う体験をとおして、どのようなことが起きるのかを学びます。

▶ エクササイズのすすめ方（手順）

このエクササイズは、導入（5分）、コンセンサスの留意点の読み上げ（5分）、課題の個人検討（10分）、グループ討議（30分）、グループの結果発表（10分）、ふりかえり・わかちあい（20分）、小講義（10分）の順を目安に、次のように進めていきます。

1．課題の個人検討

このエクササイズは個人で読みながら取り組むことができます。また、職場の Off-JT や研修講座などでは、全体が同時に進んでいくよう誰かが読み上げる、またはグループの全員が息を合わせながら進んでいくと、その後の話し合いも揃うでしょう。以下では、2人以上で実施する場合を説明します。
1）机を囲んでお互いの表情がよく見えるように座ります。まず、「課題用紙」（p.80）をよ

く読んでから、つぎの説明にあるように自分の考えを課題用紙の空欄に書いてください。
つぎに〈課題〉に書かれている内容を個人で考えましょう。誰にも相談しないで自分で考えることを各自が大切にしてください。自分の記憶にある出来事なども参考にして考えてみましょう（必ずここまでの作業を終えてからつぎに進んでください）。
2）書き終わった人から7章の「コンセンサス法による集団決定をする際の留意点」（p.138）を読んでおきます。または誰かが声を出して読み上げるのをメンバー全員で聞いている、という方法でもよいでしょう。

2．グループによる課題の検討とまとめ

1）全員が上記の1.2）まで終わったら、それぞれ記入したことを発表し合い、課題についてグループ内の取りまとめと検討を行ってください。できるだけしっかりと話し合って、最終的に全員が納得できるようにしてください（※変型：この話し合う段階から章末のルーブリックを活用して観察役を配置することも効果的です）。時間は30分くらいを目安にするのが適当です。
2）話し合いが終わったら（グループが複数あれば）各グループから結論とその理由を発表し合うとよいでしょう。また、「このエクササイズのあと（回答例を見る前）に」（p.83）を読み終えてから章末回答例（p.102）を見ると、効果的な学習となるでしょう。

3．ふりかえり、わかちあい

1）「プロセスシート」（p.82）の記載事項を読みながら各自で記入してください。良い悪い

は考えないでありのまま自分が思ったとおりに記入してみることが大切です。

2）全員が記入し終わったらわかちあいをします。各自がエクササイズの中で気づいたことや感じたことを書いたプロセスシートを基に順番に発表していきます。お互いに自由で開放的な話し合いができるとよいでしょう。

3）グループでのわかちあいが終わったら（複数のグループがある場合には，おおよその話題を発表してもらうとよいでしょう），特にこのエクササイズをとおして気づいたこと，学んだこと，エクササイズで起きていたこと，わかちあいで話し合われていたこと，観察していたことについて，学習できることに関連させながら全体でわかちあいを行っていくとよいでしょう。

コメント，小講義

上記までの取り組みをひととおり終えたら，このエクササイズで学んだことなどに関連する「このエクササイズのあと（回答例を見る前）に」をもう一度みたり，「解答を見る前の『あおぞら花子さんの職場』への解説」（p.103）と「小講義」を読んで学習をすすめてください。なお，この章に掲載しなかった「小講義」を紹介しますので参考にするとよいでしょう。

・コメント「組織と人と心理的背景」星野欣生（著）『人間関係づくりトレーニング』（2003，金子書房）
・小講義Ⅰ「成熟したグループの特徴」星野欣生（著）『職場の人間関係づくりトレーニング』（2007，金子書房）
・小講義「グループ活動に必要なグループ・プロセスという視点」津村俊充・星野欣生（編）『実践　人間関係づくりファシリテーション』（2013，金子書房）
・小講義「AI（アプリシェイティブ・インクワイアリー）アプローチとは」津村俊充・星野欣生（編）『実践　人間関係づくりファシリテーション』（2013，金子書房）

■ルーブリックの作成意図と使い方

　本書では，この観察する者と観察される者の間にある境界問題にも視点を向けて，ルーブリック（フィードバック用）を掲載しています（pp.105〜106）。

　「ルーブリック」は，学習者たちに効果的なフィードバックを与え，学習を促す評価ツールとして教員などが作成・活用するものです。

　ルーブリックにはさまざまな活用方法があるとされていますが，ここで本書の刊行に合わせて私が作成したルーブリックを紹介します。エクササイズの学びをより深めていくための工夫やその後の行動目標として参考にし，有効に活用してもらいたいと考えて作成しました。本書の第5章の章末に掲載されている，「メンバーの役割行動（Performance）」と「メンバーの役割行動（Maintenance）」のルーブリック（フィードバック用）を2枚一組として活用してください。

　このルーブリックの使用方法としては，エクササイズの観察者を担うメンバーや職場のファシリテーター役が，フィードバックを行う際に使用することを想定しています。また，エクササイズの「ふりかえり」として個人が使用することもできますし，それ以外の活用方法もあると思います。

　各段階には，模範的（5点）〜要改善（0点）という点数を表記していますが，点数化することが目的ではなく，あくまでも行動変容のための目安として示したものです。

『あおぞら花子さんの職場』課題用紙

〈課題〉　事例（p.81）を読んで課題ごとに考えをまとめてください。

1．新人職員Dさんが退職を申し出ていますが，その真意はどうでしょうか？
2．X集団には「対処案」が出され"助っ人"が他の集団から投入されています。このような采配（マネジメント）は，どうでしょうか？
3．このような問題が生じる施設の運営のあり方について，今後どのようなことが考えられるでしょうか？

〈手順〉

1．事例（p.81）を読んで，まず自分の個人的な考えを空欄にメモしましょう。
2．〈課題〉の1．～3．について，各メンバーが自分で考えたことを順に1人ずつ発表します。
3．メンバー全員が発表を終えたらグループで議論してまとめを行います。
4．司会者は決めないで，全員が納得できるまで討議して結果を発表しましょう。

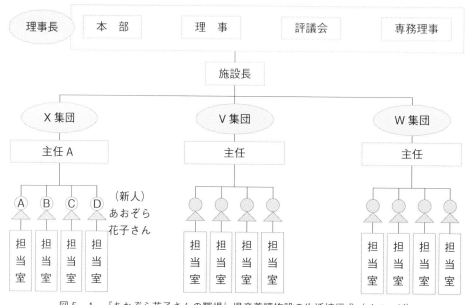

図5-1　『あおぞら花子さんの職場』児童養護施設の生活棟編成（イメージ）

『あおぞら花子さんの職場』事例

　あおぞら花子さん（D）は児童養護施設で働く職員です。施設には3つに分断された生活棟（X・V・W）があり，それぞれの棟の業務をX集団，V集団，W集団が担っています。各集団には主任が1名と職員が4名います。各職員は1室8名の子どもたちを部屋ごとに担当しています（図5-1）。

　運営法人の理事長は，「X集団の仕事はほとんど機能していない。自分たちの仕事なのにまるで他人事のようだ。なぜこのように意識が低いのか，継続的な支援をしても効果がみられないし，集団の責任体制にも欠陥があるようで，重大な問題を招かねばよいがなぁ…」と話しています。

　そんな折，X集団の新人職員であるあおぞら花子さん（D）は，他の職員から呼び出されきつく叱られたことに耐えかねて，施設長に退職を申し出ました。彼女は施設内で唯一の有資格者（社会福祉士）のため施設長から期待されており，その期待に応えようと他の集団とは少し違う仕事の仕方を必死にやっているところでした。

【以下は理事長の手元にあるメモの一部です】

　X集団のそれぞれの職員は，「自分は1室の子どもたち8名の担当者だから，その子どもたちに関わる事だけが自分に与えられた仕事だ」と考えています。また，X集団内からは，他の職員とともに担う仕事や，X集団が分担で担うべき施設内行事の業務でも「自分の仕事ではない」と話す声も聞こえてきます。このようなことから，「X集団の意識が低い。退職する人が多い」という話題が常に，施設内の他の集団や職員たちから聞こえてきます。

　特に気になるのが，X集団内でも「自分たちの集団は意識が低い。退職者が多い」という共通認識があることと，他の集団から支援（介入）を受け続けていることです。具体的には，毎朝の支度が遅れるX集団に耐えかねて，他の集団から"助っ人"を投入する事態になっています。

　X集団に施設内行事の分担業務が回ってきたとなれば，助っ人という「対処案」が出されるという，他集団の職員には実質的な「業務荷担」の指示がでます。その結果，施設内行事の分担業務の停滞や放棄は起きません。助っ人が入ったそのときはよいのですが，「やっぱりX集団に任せたら仕事は進まない」，「またX集団か？」，「チームとして機能していない」という悪評価は強調され続けるばかりです。

　当のX集団は支援を受け入れていますが，「他の集団の支援は自分たちの考えではない。これも自分たちの仕事ではない」という声も聞こえます。ただ，主任Aの仕事に対する意識は高いようではあるのですが…（今年からX集団に来た主任Aは，この状況を改善したいが困惑している？　状態のようです）。

　「以上，悪循環，堂々めぐりです」という報告（進言）が某職員から理事長にあり，理事長は躊躇しましたが，X集団内でとある事件が勃発したので「あること」を決断し実行しました。

『あおぞら花子さんの職場』 プロセスシート

グループの話し合いをふりかえりましょう。
感じたままを自分の言葉で，自由に記入してください。

1. 今の討議の中で，あなたは…
   どれ程，自分の意見や考え，アイディア
   を言うことができましたか。
   （どのような点で）

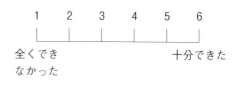

2. 今の討議の中で，あなたは…
   どれ程，他のメンバーの意見や考えを聴
   くことができましたか。
   （どのような点で）

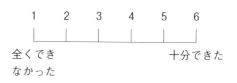

3. 課題に取り組んでいる間のグループ全体の様子（＝グループ・プロセス：たと
   えば，コミュニケーションの様子，リーダシップやメンバー相互の影響関係，
   意思決定のされ方，進め方や手順，全体の雰囲気やその変化，など）について，
   感じたことや気づいたことなどを記入してください。
   （自分のこと，メンバーのことなど，自由に）

4. 今の討議をとおして「テーマ」について，気づいたり，学んだことなど。
   （印象に残っていること…etc.）

■このエクササイズのあと（回答例を見る前）に

　さて，どのような検討結果が出たでしょうか？　きっと，さまざまな見方が出されたことと思います。もしかすると，いつも職場で行っているミーティングや会議よりも充実した話し合いができたグループもあるのではないでしょうか。ここでは，どのような説明ができれば良いとか悪いとかは決められませんが，皆さんなりの検討が行われたことにそれなりの意味があると思います。

　章末にある回答例（p.102）と解説（p.103）を見る前に，本来であればエクササイズをひと通り終えた後のふりかえりのコメントとして，「話し合いではあなたはどうでしたか，グループは話し合えていましたか」というプロセスに関わってコメントするのが通常です。しかしここでは「このエクササイズのあとに」と題して事例についての私なりの「考え方」を整理して示しておきます。

　単純に，X集団の職員が新人職員Dをいじめた。以前からX集団の職員メンバーの意識が低いのが悪い，新人職員Dに期待する主任Aも力量不足で，期待に応えようとする新人職員Dも悪いなど，いわゆる，個人の「考え方」や「態度」，「資質」がこの事例の問題の起因になっていると捉えた話題も多く出されたかもしれません。確かにそれも1つの見方ですが，それほど簡単に個人だけの問題として言い切れるのでしょうか。別の見方もあるかもしれません。

　また，X集団の職員メンバーが以前からもっていた考え方を，今年からX集団に来た主任Aと新人職員Dはどのような気持ちで捉えていたのか。同じく，他のX集団の職員はどうなのか。それぞれの立場に深く入り込んで考えると，また違った見方も出されるかもしれ

ません。

　これはX集団への施設長と他の集団の対応についても同様です。施設長の采配・判断（"助っ人"を投入するという対処案を指示する）には，どのような考えや気持ちがあるのか。それがどのような影響を生み，その影響は誰に及ぶのか。さらに，そのような施設長の指示・采配によって「X集団の外部評価の追認と認識の再強化を繰り返す」という結果だったので，このようなマネジメントでよいものなのか。さらに，他の集団の職員たちはどうでしょうか。なぜ，支援（介入）を続けるのか？　指示だから？　仕事だから？　などが考えられます。

　そして，某職員メンバーはどうして理事長にメモを渡して報告（進言）したのか？　この報告（進言）がなかったらどうだったのだろうか？　など，多くの立場・視点から考えていくと別な視点からの話題も出されることもあるでしょう。

　この事例では，躊躇していた法人の理事長が采配する上で好都合な事件がX集団内に勃発したので，意を決して「あること」を実行した結果，望ましい結果を導きます。X集団のもとで勃発した事件の解決に，X集団全員が奔走したことで好結果を出すことになるのです。これを皮切りに施設内の評価も反転し，積極的かつ主体的に取り組むようになったX集団は仕事に対する意識も高まっていった，という結末を描くこともできるでしょう。

　章末には回答例（p.102）が掲載されています。私が学生たちと大学で担当するゼミ活動や研究に取り組む中で，当時のゼミ生（徳田有紗さん4年）と私が1つの参考例としてこのケースを題材にして討議した結果です。もちろんこれだけが正解であるとはいえません。あくまでも考え方の1つの例に過ぎないものと捉えてください。

小講義Ⅰ　目に見えない職場の構造

　私たちの生活は，家族，地域，国など，なんらかの集合体に属しています。これらの集合体を「システム」として捉える「システム思考」では，職場もまた，さまざまな要素の複雑なつながりから成り立っている「システム」として考えます。

　システムが複雑なものとされる特徴には，「原因と結果が時間的にも空間的にも離れている」にもかかわらず，私たちは出来事のすぐ近くに原因を求めがちになることがあげられます。そのために，根本原因ではない，目に見える問題の症状に着目してしまうのです。効果的な対処策は，しばしば「目に見えないところにある」と指摘されている（Sterman, 2000 枝廣・小田訳，2009）ことからいえることです。また，職場でチームが機能しない原因は，職員同士のコミュニケーション不足が大きく影響しているとする見解が多いようです。しかし，システムの特徴から捉えてみると，根本原因が別に存在することがわかります。

　本書では，限られた範囲内ですが，エクササイズや小講義などをとおして，読者のみなさんがその根本原因にも着目してもらえるものの見方や考え方を提示します。

■システム思考

　「システム思考」の枠組みからみると，私たちの直感に「部分を理解する力を鍛える」，「相互のつながりを見る」という視点を与えてくれます。

　職場で起きている「チームが機能しない」という問題は，「システムの構造」から起きていると考えられます。複雑なシステムの中では，同じシステム構造の中であればどのような人も同じように行動するようになります。これは，

システム構造の中で起きる「集団思考（参照：p.143）」と呼び，メンバー個々がもつ意見の相違を抑えて，集団（システム）がもつ考えをメンバーが互いに強め合う思考のことを指します。

　たとえば，真面目に勉強するAグループと，遊んでばかりでまったく勉強しないBグループがあるとします。最初Aグループにいたaさんは，毎日真面目に勉強していたが，ある日を境に，Bグループのメンバーと一緒に過ごすことが多くなりました。すると，毎日のように遊ぶようになり，勉強する日がなくなります。これは単純な例ですが，あなたの身近でも似たような現象を見たことがある例といえるのではないでしょうか。

　このように，集団の1人が最初は相反する強い意志をどんなにもっていても，システムの構造には逆らえないことがわかります。職場で何かの問題が生じたときに誰かが改善しようと試みても，このシステム構造が妨げになって「チームワークが機能しない（良くならない）」という状態が起きていると考えられます。

■根本的な帰属の誤り

　私たちは何か問題が生じたときに，その問題の原因を追究する志向性をもっています。このような，結果の原因をどこかに求めること（原因帰属）は，メンタルモデル（人が「モノやヒト」に対してもっているイメージ）の中心的な役割とされています。また，私たちは他者の行動や態度を「そのような状況だから」ではなく「そのような性分だから」と考える傾向があります。「その人がどのような性格をもっているのか」，その中でも「どのような性格の欠点をもっているのか」というように，原因帰属を個人の性質や欠点に求めるのです。このように，

複雑なシステムの中にいる人についても，「どのようなシステム内で行動しているのか」ではなく，システム内にいる特定の個人を非難する傾向がとても強く根づいています。確かにそのとおりの場合もありますが，私たちがそこで犯しているのはたいてい「根本的な帰属の誤り」です。その人の性向よりも状況がそのようにさせていることが多いのです。このように，システム構造の中で起こる「根本的な帰属の誤り」が職場でも生じるので，メンバー同士の関係に大きく影響し職場のチームワークが悪化する要因の１つになっていると考えられます。

■役割構造

　組織は，部署などさまざまな要素から成り立っているシステムで，個人はそれぞれ何らかの役割や責任をもっています。日本の近年の職場では，「仕事の定義」が明確化されていて，個々の仕事が細分化されています。個人の仕事（役割）が明確になることによって，個人の成果に関係のない，薄い業務が次々と消えていますがその中には，個人の成果に関係なくても，組織として必要な業務も含まれています。

　また，個々の仕事で成果を出すために，それぞれの社員は自分の仕事の専門性を深めること，組織としても個々の仕事を細分化することが実行されます。これが，個人に仕事の境界を明確化させる促しとなって，社員同士のつながりを薄くさせてしまう状態を招いていきます。自分の仕事の範囲が決められることによって，自分と他者の間にある仕事がない，あっても「私の仕事ではない」という状態を蔓延させていくのです。このように仕事を個人の作業として取り組むことで，社員同士の関わり合いも薄くなり，

職場のチーム共同メンバーとして働く機会も減少していき，職場のチームワークが機能しない状態があちらこちらで見られるようになってしまいます。

　上記のように，システムの構造，根本的な帰属の誤り，仕事の定義の明確化は，チームワークが機能しない職場の根本原因になっていると考えられます。

■仕事の評価と報連相（ほうれんそう）

　職場で働く者にとって，報連相（報告・連絡・相談）が大事だといわれますが，上司によっては求められる報連相が違うようです。「結論から先に言え」という人もいれば，「まず背景（理由）を説明しろ」という人もいるからです。これは，きちんと報連相を順守しても，上司が望む報連相をしなければ評価されないことを意味します。

　仕事の評価において，自分の評価と他者の評価には必ず食い違いが生じます。自分で自分を評価してしまう人は「どうしてしっかりと評価してくれないのか」という不満を抱くようになり，それがストレスになっていきます。これではこれまでの努力も水の泡です。「結果は他者が評価する」ことを知らないままで，嫌な上司がいるからと離職して環境を変えたとしても，また同じ問題を繰り返すことになるでしょう。

　仕事の評価も職場にある目に見えないものですから，自己評価ではなく，他者からの評価によってのみ結果が得られることを知っておくことが大切です。

　それでは，つぎのエクササイズで自分のマネジメント・スタイルの自己診断を行ってみましょう。

診断型の

エクササイズⅢ『私のマネジメント・スタイル』

このエクササイズは，「マネジメントスタイルの自己診断ツール（Mintzberg, 2013 池村訳, 2014）」を参考に私が加筆作成したものです。

マネジメントの思考バランスを検討するもので，どのような時期でも個人的に実施できます。

▶このエクササイズで学習できること

○今，自分がどのようなスタイル（思考）で自分をマネジメントしているのかを検討します。

○自分のスタイル（思考）のバランスと働き方（マネジメント）を考えます。

○職場の上司や同僚をイメージして，どのようなスタイル（思考）のメンバーと一緒に働くのか？　といった興味深いことも見えてくるでしょう。

▶エクササイズのすすめ方

このエクササイズは，質問紙への個人記入（10分），小講義（10分），グループ討議（20分）を目安にします。つぎに，進め方を説明します。

１．個人作業

１）質問紙への個人記入と集計

まず，「質問紙」（p.87）を用意（配布）して，表のそれぞれの横列の３つの言葉の中から自分に最も近いものを選び○で囲みます（理想や目標・期待を込めない）。職場のOff-JTや研修講座などでは，全体が同時に進んでいくように，項目ごとに，ファシリテーター役の人が読み上げます。

２）質問紙の集計

１から10までの項目のA．S．C．の中から１つ○を付け終わったら，それぞれA．S．C．縦の段ごとに合計の数値を（×２倍）記入します。

３）「マネジメント・スタイルのプロフィール」は，A．S．C．それぞれの合計点の位置に印をつけて線で結びます（あくまでも自己認識によるものです）。

４）位置関係（内か外か？）を見ていきます。

２．小講義とわかちあい

１）小講義Ⅱ（p.88）ではこれらの思考の位置関係についての特徴を記述していますので参考にしていきます。

２）数名のグループになって，どのようなスタイルだったのか，エクササイズを行ってみてどうだったのか，わかちあいを行って終了します。

３）上記の取り組みをひととおり終えたら，このエクササイズで学んだことなどに関連する「コメント」や「小講義」を読んで学習をすすめてください。なお，この章に掲載しなかった「小講義」を紹介しますので今後の参考にするとよいでしょう。

・小講義「リーダー行動の留意点」星野欣生（著）『職場の人間関係づくりトレーニング』（2007，金子書房）
・小講義「リーダーシップはあなた（みんな）のもの」星野欣生（著）『職場の人間関係づくりトレーニング』（2007，金子書房）
・小講義「人間の行為をとらえる２つの理論」津村俊充・星野欣生編『実践 人間関係づくりファシリテーション』（2013，金子書房）

『私のマネジメント・スタイル』質問紙とプロフィール

	A．思考	S．思考	C．思考
1	豊富なアイディア	豊富なデータ	豊富な経験
2	直感的に捉える	分析的に捉える	実践的に捉える
3	熱いハート（思い）	明晰な頭脳	巧みな技術
4	戦略を重視する	結果を重視する	プロセスを重視する
5	やる気を促す	正確に伝える	積極的に関わる
6	情熱を込める	信頼性を保つ	手助けする
7	斬新的に考える	主観的に考える	現実的に考える
8	想像する	形式化する	学習する
9	よく観る	考えてみる	やってみる
10	期待しよう	これで良いだろう	やり遂げよう
計（×2倍）			

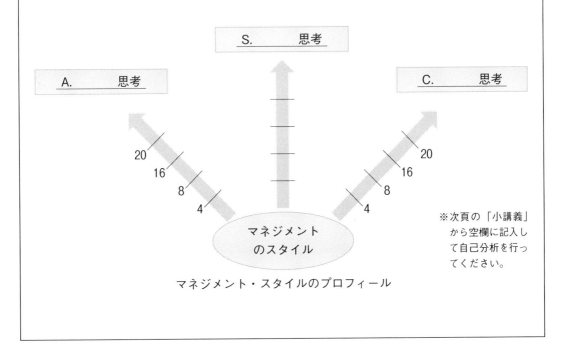

マネジメント・スタイルのプロフィール

※次頁の「小講義」から空欄に記入して自己分析を行ってください。

小講義Ⅱ　マネジメントの思考スタイル

さて，エクササイズⅢ『私のマネジメント・スタイル』で出来上がったプロフィールはどのような傾き具合だったでしょうか。ここでは，それぞれ A．S．C．について説明します。自分のマネジメント・スタイルの診断に参考になるでしょう。

マネジメントには３つの思考スタイルがあります。「創造的な思考」はマネジメントに理念と一体性を与え，「現実的な思考」は目に見える経験に基づいてマネジメントを地に足がついたものにします。また，「分析的な思考」は，知識を体系的に分析してマネジメントに秩序を生み出します。

たとえば，自分のマネジメントを見るには，「分析的な思考」よりも「創造的な思考」の要素を大切にしてみるとよいと思います。またそれ以上に，「現実的な思考（経験・技)」の要素は（仕事にとって）必要不可欠なものです。しかし，どれか１つの思考に偏重する場合は，実際に働くスタイルもバランスが崩れた状態に陥りやすくなる，という具合に捉えていきます。

ここでは，この３つの思考スタイルの偏りがどれかに大きく偏重した場合を説明しておきますので，自分の偏り具合の把握・検討の参考にしてみるとよいでしょう。

〈A．創造的な思考：洞察型（ナルシスト型)〉
・創造的な思考寄りのスタイルは，アイディアとビジョンを重視する直感性の強い「洞察型」と呼ばれるスタイルです。このような洞察型のマネジメント・スタイルは，ビジョンが自己目的化する「ナルシスト化」するおそれがあるようです。
・「A（Art）．創造的な思考」と「C（Craft）．現実的な思考」だけで「S（Science）．分析的な思考」を欠く人は，支離滅裂な「秩序が無い型」のマネジメントになってしまいます。

〈S．分析的な思考：頭脳型（計算型)〉
・分析的な思考寄りのスタイルは，知識を体系的かつ慎重に分析する「頭脳型」と呼ばれるスタイルです。このようなマネジメント・スタイルは，分析過剰になって計算高いタイプになります。
・「S．分析的な思考」と「C．現実的な思考」だけで「A．創造的な思考」を欠く人は，刺激のない「無気力型」のマネジメントになってしまいます。

〈C．現実的な思考：関与型（退屈型)〉
・現実的な思考寄りのスタイルは経験を重視していて，部下や同僚を助けながら自分も同じように業務に従事する「関与型」と呼ばれるスタイルです。このスタイルは，自分の経験の範囲内に閉じ込める「退屈型」のマネジメントになります。
・「A．創造的な思考」と「S．分析的な思考」だけで「C．現実的な思考」を欠く人は，地に足のつかない「現実遊離型」になってしまいます。

小講義Ⅲ　現代マネジメントの姿

マネジメントの最も重要な役割は，職場や組織がその役割を果たせるようにすることです。たとえばデパート（小売店）では商品を売ること，老人ホームでは高齢者の世話をすることが役割です。したがって，その役割を果たすために必要な活動は，組織・部署（職場）のメンバー各自が担当業務を担うことになります。マネジメントはその業務の遂行がかなうようにすることです。

■マネジメントは実践の行為

マネジメントは「科学」でもないし「専門技術」でもありません。「科学」は研究を通じて体系的な知識の獲得が目的なので，組織がものごとを成し遂げることを後押しするマネジメントとは大きく異なります。また，マネジメントは，工学，医学などの専門技術とも異なっている実践の行為です。工学や医学の専門教育を受けた専門家は例外なく素人よりも質の高い仕事をします。一方，ビジネススクールでマネジメントを勉強したことがないマネージャでも，信頼を得ている人が大勢います。

したがって，マネージャが「最も知識があるのは自分だ」と思い込むとマネジメントはうまくいきません。それは，マネージャの役割が主に，他のメンバーの行動を通じて仕事を成し遂げることだからです（注：ここでいうマネージャは，誰かの指示に従いつつ部下を管理する中間管理職ではなく，経営者もしくは経営に直結する意思決定を行う人です。役職が経営者かどうかではなく自己の判断で組織を運営する人を指します。要するに，部下3人の係長でもマネージャと呼ぶし，上場企業の役員でもマネージャではない，という場合もあります）。

■リーダーシップの過剰な扱い

組織のすべてをマネージャが取り仕切ることはあり得ません。また，マネージャが組織のマネジメントをまったく担わないこともあり得ません。それは，マネージャが担うべき役割（組織に一体感をもたらすこと，組織の活動に必要な情報を集約すること，対外的に組織を代表すること）が組織にとって必要不可欠だからです。その一方で，組織の目的，業績，責任は，マネージャの行動範囲内だけに限定できないということでもあります。

しかし，多くの人たちがリーダーを高い玉座にのせて，人間を人的資源と呼び，マネジメントがメンバーを数値測定によって過剰コントロールする専門技術であるかのように思い込んでいます。そして，リーダーシップを過剰に扱う結果，リーダー以外のメンバーを軽んじることになり「コミュニティの一員として協力し合うという人間の自然な性質」を封じ込めています。メンバーを無理強いして働かせるのは論外で，メンバーによってマネジメントを担う考え方が支持され広がり始めています。

■現代組織のマネジメント形態

現代経営学の巨匠と呼ばれるヘンリー・ミンツバーグは，「リーダーシップとは成功しているマネジメントのこと」という新たな「マネージャ論」を展開しています。マネージャとリーダーを別物に捉えないで，両者は一体のものとみなすこの考え方では，「普遍的に有能なマネージャなど存在しない。さらに，どのような組織でもマネジメントできるプロのマネージャも存在しない」というものです。

マネジメントの重要性がさらに注目されてい

る昨今を踏まえ，ここで現代組織のマネジメント形態のいくつかを説明します。

最大型マネジメント：最高責任者が組織図の頂点に陣取ること（マネージャは，計画，組織，指揮，調整，統制を担う）。

参加型マネジメント：最高責任者がもつ権限を，1段階下のマネージャたちに移すこと（本格的な権限の分散ではない）。

分担型（チーム型）マネジメント：マネジメントの仕事を複数の人間で分担すること（情報共有によってお互いを補い合うことができなければ問題が生じる）。

分散型マネジメント：マネジメントの責任を交代で担う，または集団で担うこと。

支援型マネジメント：マネージャ以外のメンバーがマネジメントの役割を担い，そのメンバーをマネージャが支援すること（マネージャが人を導く役割の組織文化を築こうとするもので，専門職たちが余計なことにたずさわらず成果を上げるための支援を行う）。

最小型マネジメント：メンバーによる自己のマネジメントが行われること（ある程度の一体的な活動に大勢が参加するための調整を行う）。

■メンバーによるマネジメント

近年は，支援型マネジメントのように，マネージャ以外のメンバーもマネジメントを担う組織が増えています。その背景には，ネットワーク型組織や専門職など知識労働者で構成する組織が増えて，ある種の意志決定の実権が移ったことがあげられます。病院のような専門職型組織では，現場の専門職たちが新しい技術の開発戦略を生み出しています。

さらにもう1つの背景として，問題解決をマネージャに期待する反面，多くのメンバーはマネージャ（特にリーダーとしての側面）が諸問題の要因になっていると感じていることがあげられます。組織のメンバーのほとんどが，身近

なマネージャの関わり方しだいで考え方を変えることもありうる，かもしれません。

■マネジメントのジレンマ

マネジメントには，数え切れないほどのジレンマがついてまわります。この「思考のジレンマ」には，①どうすれば目の前の仕事をするなかでものごとの理解を深められるのか（「上っ面症候群」），②多忙を極める中でどうやって未来を見据え計画や戦略を練り，事を考えればよいのか（「計画の落とし穴」），③細かく分けられた世界をどのようにまとめればよいのか（「分析の迷宮」），というものがあります。

マネジメントは活動的なので，マネージャは適度に頭を冷やしながら，自らふりかえる習慣が必要です。「ふりかえり」をしない行動は安易な考えや態度を生むので，短時間でもよいので立ち止まることが大切です。優秀なマネージャは，冷静に考え思慮深く行動します。

■コミュニティシップ

私たちの生活では組織の存在が大きくなってきています。マネジメントと組織のあり方を再検討する際には，「組織を得体の知れない階層が積み重なったものではなく，積極的に関わり合う人々のコミュニティと見なす」ことが提唱されています。この考え方では，コミュニティでは誰もが敬意を払われ，他のメンバーたちにも敬意を払うことが自然状態とします。リーダーシップとマネジメントを自然に融合させて，コミュニティ重視の「コミュニティシップ」を実践するこの考え方は，29人のマネージャ観察の成果をもとに研究された説得力あるものです。多方面から支持され，実践的マネジメントの神髄とされる考え方です。

自分のマネジメントのスタイルがわかったところで，マネージャの姿についてつぎのエクササイズをとおして学びましょう。

組織マネジメント体験の

エクササイズ『マネージャ・ゲーム NOW』

このエクササイズは，『職場の人間関係づくりトレーニング（星野，2007）』にある「マネージャ・ゲーム」をもとに，難易度の工夫とグループ・プロセスへの気づき，繰り返し実施できる活用法を加味して私が作成したものです。

▶ このエクササイズで学習できること

このエクササイズでは，上司とその部下それぞれに与えられた役割と情報の伝達が，仕事をする際の課題の達成や参加の仕方にどう影響するのか，無言の動作をとおして学習します。素直な気づきとお互いの関係を見つめるフィードバックの大切さも学べるでしょう。

○仮想の職場をつくり，チームとして仕事をするとはどういうことなのかを考えます。

○チームで課題を達成するために，情報がどのように伝達され，わかちあうのかを学びます。

○マネージャ（上司）のあり方がメンバー（部下）に与える影響に気づくでしょう。

○職場における立場の違いと，チームで協力することを学んでいきます。

▶ エクササイズをすすめるために用意するもの

ファシリテーター役はあらかじめ以下のものを用意してください（参加者と一緒に準備するとエクササイズの内容を知ってしまうので学習の支障になります）。

・「指示用紙」（p.93 ファシリテーター役が掲示，または使用する）

・紙片（タングラムなど基本的に7紙片の多角形もの）を，7人分（7色）用意します（1人分（1色）の紙色には，p.104にある用語集の同種類のものを貼付します）。

・1チーム7枚の封筒を用意します。封筒の表には「マネージャ用」（1枚），「リーダー用」（2枚），「スタッフ用」（4枚）と表記します。

・それぞれの封筒には，立場に応じた指示書（「マネージャ用」の封筒には「指示書（マネージャ）」という具合に）と，種類の違う紙片を7枚ずつ入れます。同種類のものを入れないようにするだけで，特にどの色の紙片を入れるという決まりはありません。

・連絡メモ用紙（A6サイズの白紙を1人に30枚程度）。

・「プロセスシート」（p.97）を人数分。

・1チームにつき長机を3つ用意します。指示用紙の関連図のようにそれぞれが座る位置を決めます。

・難易度を上げる場合は，影絵を指定し，影絵と同じ形づくりを課題として追加します。影絵はマネージャ用の指示書に記載するか，参加者全員に見えるよう掲示する2つの方法から，どちらかを決めて（示して）実施します（詳細は p.104）。

・難易度を下げる場合は，厚紙に用語集をコピーして切って実施します（詳細は p.104）。

▶ エクササイズのすすめ方

このエクササイズの所用時間の目安は60分程度です。1チームにつき1セット（封筒7枚）を基本（1揃い）にしますので，7人の仲間を集めてください。※参加者の人数によっては，1チーム5名，または6名で実施できます。難易度を変えると何度も実施できますし，チームが複数あると，競い合いを楽しめるでしょう。

ここでは，（※）ファシリテーター役が別にいる，7人の場合を説明します。

1．準備と課題・ルールの提示（10分程度）

7人のメンバーで，誰がマネージャ，リーダー，スタッフになるかを相談して決めます。日常とは違う立場を体験してみるのもよいと思います。決め方の自薦他薦は問いません。決まったらそれぞれの位置に座ります。

1）指示用紙を全員が見えるように掲示して，読み上げながら説明します（または，指示用紙を本書から全員分コピーして配ります）。

2）※エクササイズを始める前にファシリテーター（世話をする人）は，「エクササイズのルールは各自に配られる封筒の中に入っている指示書に書いてあります。特に注意してほしいことは，作業は無言であること，コミュニケーションは連絡メモ用紙を使用すること，何を書いてもよい，ということです」と伝えます。また，「情報の伝達は直接の上司と部下に限定されます。つまり，AマネージャはB・Cリーダーへの情報伝達になり，D・E・F・Gスタッフへの直接のコミュニケーションはできません」と，告げておくとよいでしょう。さらに，「B・C相互の情報伝達は禁止で，D・E・F・Gスタッフ同士のコミュニケーションも，部下同士だから禁止です」と確認しておくとよいでしょう。

3）難易度を上げる場合，模造紙などで「影絵」を示して，全員が同じ形をつくるように知らせます（p.104参照）。※「影絵」のモデルは，インターネットのフリー素材などで入手しておきます。

2．エクササイズの実施（30分程度）

1）「すすめ方」が参加者に理解されたら，その時点から「無言」になって，各チームのマネージャが一人ひとりの役職（立場）と位置を確認しながら，封筒と連絡メモ用紙を配ります。封筒を配り終わったらエクササイズの開始です。※ファシリテーター役は「チームの課題が達成されるまで無言の作業です。時間の制限はありません。ルールをしっかり守ってください」と声掛けします。

2）マネージャが手をあげて作業の終了を告げたら，（※ファシリテーター役はチームが）課題を達成しているかどうかを確認します。

3．ふりかえりとわかちあい（20分程度）

1）課題の達成が確認できたら「プロセスシート」（p.97）を各自で記入します。良い悪いを考えないで，ありのまま自分が思ったことを記入することが大切です。

2）参加者全員の記入が終わったらわかちあいをします。チームごとにプロセスシートに記入したことを一人ひとり順番に発表していくとよいでしょう。他のメンバーの発表を聞いて，立場の違いや自分では気づかなかったことなど，あらためて気づかされることもあります。特に，上司や部下に対して「ひと言」といった項目もありますから，ストレートに伝えあうことで自分の考え方・行動の仕方についての気づきがあると思います。お互いに自由な話し合いができるとよいでしょう。

4．コメントと小講義

上記までの取り組みをひととおり終えたら，関連の「コメント」や「小講義」を読んで学習をすすめてください。なお，この章に掲載しなかった「小講義」を紹介しておきますので今後の参考にするとよいでしょう。

・小講義「コミュニケーションの基本は two way」星野欣生（著）『人間関係づくりトレーニング』（2003, 金子書房）
・小講義「チームワークの5つのポイント」星野欣生（著）『職場の人間関係づくりトレーニング』（2007, 金子書房）
・小講義「プロセスへのアプローチ」津村俊充・星野欣生（編）『実践 人間関係づくりファシリテーション』（2013, 金子書房）

『マネージャ・ゲーム NOW』指示用紙

（ファシリテーター役がいる場合は掲示する）

◆エクササイズのねらい
○仮想の職場をつくり，チームとして仕事をするとはどういうことかを考える。
○チームで課題を達成するために，情報がどのように伝達され，わかちあうのかを学ぶ。
○マネージャ（上司）のあり方がメンバー（部下）に与える影響に気づく。
○職場における立場の違いと，チームで協力することについて学ぶ。

◆エクササイズのすすめ方
1．導入：エクササイズのねらい，すすめ方の説明
2．チームの編成
3．エクササイズの実施
4．エクササイズのふりかえり
5．ファシリテーターのコメント・小講義

◆チーム編成について
1．7名で1つのチームをつくる。
2．チームには，マネージャ1人，グループリーダー2人を決めて，それぞれのリーダーの部下には2名のスタッフを配置する。

◆その他
　エクササイズのルールなどは，各自に渡される封筒の中の指示書に書かれているが，特に，影絵が示された場合は，ルールを固く守ること。
1．作業は無言で行う。お互いのコミュニケーションは「連絡メモ」を使用する。
2．情報の伝達は，直接の上司と直接の部下との間でしかできない（関連図参照）。つまり，グループリーダー同士（B，C）やスタッフ同士（D，F，E，G）の情報の伝達は禁止されている。

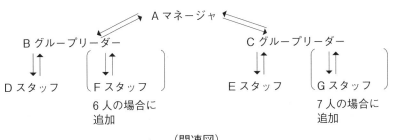

（関連図）

＊このエクササイズは『職場の人間関係づくりトレーニング（星野，2007）』を基に作成

『マネージャ・ゲーム NOW』指示書（マネージャ用）

―――部下が4人の場合，（　）内は5～6人の場合―――

　この指示書では，あなたがチームのリーダーとして，何をしなければならないかを示しています。あなたのチームの成績は，あなたの働きにかかっています。あなたは，今までの経験やもっている知識を十分生かして，適切な判断を行い，適切な指示を与えてください。そして，あなたのチームが，できるだけ早く目的を達成できるように，優れたマネジメント能力を発揮してください。

1．あなたは，マネージャで，チームの最高責任者です。あなたの部下は全部で4人（5～6人）で，そのうち2人はグループリーダーで，他の2人（3～4人）はそれぞれの部下です。あなたをAとして，グループリーダーをB，Cと，それぞれの部下はD，E（F，G）というように記号で呼ばれています。
2．各人には，それぞれ，言葉が書かれた7枚の紙片（カード）と指示書が入った封筒が配られています。
3．チームの活動の目的（課題）は，各人が，それぞれに同種類の紙片（カード）を集めることです（同種類とは，色が同じまたは同じ用語のことです）。
　　※ただし，影絵が示された場合は，「全員が同じ形をつくること」が追加されています。
4．あなたは，グループリーダーとだけ連絡を取ることができます。連絡は，メモ用紙のやり取りで行ってください。それ以外の方法（たとえば，発言やジェスチャーなど）はすべて禁止されています。
5．あなたは，他の誰にも，手元にあるカードを見せてはいけません。他の人も見せることを禁止されています。あなたは，グループリーダーとカードを交換することができます。またスタッフの声を受け止めることも大切です。
6．カードを交換するときは，同じ枚数のカードと交換しなければなりません。
7．カードを交換するとき以外は，手元に必ず7枚の紙片（カード）がなければなりません。
8．メモを渡すときには，必ず，～（発信者）から，～（受信者）へを，記号で書いてください。
9．チームが，活動の目的を達成したことを確認したら，手を挙げて，ファシリテーター役に知らせてください。

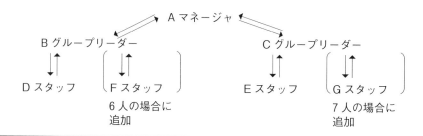

『マネージャ・ゲーム NOW』指示書（リーダー用）

　あなたは，Aマネージャの有能な部下です。あなたの働きが，チームの成績に大きな影響を与えます。あなたは，チームのグループリーダーとしての立場を自覚して，マネージャを補佐し，あなたのチームが，よい成績をおさめることができるよう，適切な行動（フォロワーシップ）をとるように心がけてください。

1．あなたは，封筒をあけたら，この指示書と言葉が書かれた7枚の紙片（カード）があることを確認してください。
2．あなたは，直接の上司であるAマネージャと，直接の部下であるスタッフとのみ連絡を取ることができます。グループリーダー同士や，許可された以外の人と連絡を取ることは禁止されています。
3．連絡は，すべてメモ用紙で行ってください。それ以外の方法（たとえば，発言やジェスチャーなど）はすべて禁止されています。しかし，そうであっても両者の声を受け止めることが大切です。
4．あなたは，他の誰にも，手元にある紙片（カード）を見せてはいけません。他の人も見せることを禁止されています。あなたは，マネージャや直接の部下とカードを交換することができます。
5．カードを交換するときは，同じ枚数のカードと交換しなければなりません。
6．カードを交換するとき以外は，手元に必ず7枚の紙片（カード）がなければなりません。
7．メモを渡すときには，必ず，〜（発信者）から，〜（受信者）へを，記号で書いてください。

　あなたが，十分に自分の能力を発揮して，活躍することが期待されています。

『マネージャ・ゲーム NOW』指示書（スタッフ用）

　あなたは，チームの有能なスタッフです。あなたの働きが，チームの成績に大きな影響を与えます。あなたは，チームの1メンバーとして，自分の果たすべき役割をよく理解し，あなたのチームが，よい成績をおさめることができるよう，積極的に努力してください。あなたの活躍（フォロワーシップ）を上司もチームメンバーも期待しています。

1．あなたは，封筒をあけたら，この指示書と言葉が書かれた7枚の紙片（カード）があることを確認してください。
2．あなたは，直接の上司であるグループリーダーとだけ連絡を取ることができます。それ以外の人と連絡を取ることは禁止されています。
3．連絡は，すべてメモ用紙で行ってください。それ以外の方法（たとえば，発言やジェスチャーなど）はすべて禁止されています。
4．あなたは，他の誰にも，手元にあるカードを見せてはいけません。他の人も見せることを禁止されています。
5．あなたは，直接の上司であるグループリーダーとのみカードを交換することができます。カードを交換するときは，同じ枚数のカードと交換しなければなりません。
6．カードを交換するとき以外は，手元に必ず7枚の紙片（カード）がなければなりません。
7．メモを渡すときには，必ず，〜（発信者）から，〜（受信者）へを，記号で書いてください。

　あなたが，十分に自分の能力を発揮して，活躍することが期待されています。

『マネージャ・ゲーム NOW』 プロセスシート

エクササイズをふりかえりましょう（自分の言葉で感じたままを記入）。

1. 今のエクササイズであなたは…
   どれくらい，満足しましたか。
   （どのような点で）

   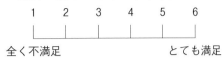

   全く不満足　　　　　　　　　とても満足

2. エクササイズの中であなたは…
   どれくらい，チームに協力できたと
   思いますか。
   （どのような点で）

   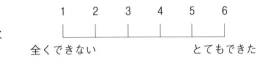

   全くできない　　　　　　　　とてもできた

3. あなたの上司，部下に対してひと言。

4. あなたがチームのマネージャ（またはメンバー）として，情報の伝達や処理で
   気づいたことは？（自分のこと，他のメンバーのこと…，自由に）

5. このエクササイズをとおして，気づいたこと，学んだ…と思うことは？
   （具体的に）
   （1）マネージャとして…

   （2）メンバーとして…

6. 学んだことを日常で取り組むとしたら…
   （具体的に）どのようなことを，どの程度…

7. その他，あなたが気づいたり，学んだこと，感じたことなどを自由に…

コメント

　ここではマネージャが与えられた課題（仕事）をどのように部下（メンバー）に指示して達成させていくのかを考えてみましょう。

　このエクササイズのチームは７人でしたが、その中で上下関係があって共通の仕事があります。その意味で少し小さいですが職場や組織の要件はそろっていました。マネージャがいて、目標達成のためにどのような働きをしたか、中間管理職としてのグループリーダーはどのような働きをしたのか、スタッフはどうだったのかなど、作られた（無言）状況の下でしたが、現実の職場の中で起こっていることがエクササイズでもそのまま起こることが多いようです。

　たとえば今回の場合、このチームの目標を知っているのはマネージャだけでした（マネージャの指示書だけに目標が書かれていました）。もしかするとマネージャは、全員に同じ大きさの封筒を配布したのでそれぞれの封筒の中身も指示書に書いてあることも同じだと思い込んでいたかもしれません。しかし、マネージャ以外の人の指示書には何をするのかについては全く書かれていませんでした。このようなことからスタッフは何をどうしたらよいかは知らないため、当てずっぽうに紙片を見ながら何かをする人、上司からの指示を待っていて手もち無沙汰にしていた人もいたことでしょう。明らかに勤労意欲も異なって見える人や低下しているように見える人もいたかもしれません。

　もしかすると現場では、このようなことがよく起こっているのかもしれないと思うのですがどうでしょうか。上司は自分が非常に忙しくしているのに、部下は遊んでいるので不満をもっているとすれば、部下が目標を共有化していないことに上司が気づいていないことになります。そうであれば部下は遊んでいないで、上司に対して何をしたらよいのか、目標は何ですか（例：何色ですか、どのような用語ですか、など）の問いかけをしたかどうかも重要な働きになります。無言で行うエクササイズでしたが、チームの全員が協力して仕事を進めていくには、どうしたらよいのかを考える機会になったと思います。これらは第６章の中で詳しく学んでいきます。

　そして、無言でのコミュニケーション、メモを書かなくてはいけないことにも違和感をもったことでしょう。特に、コミュニケーションが効果的になるためには、メモ用紙にどれほど自分の気持ちを表現していたかによって、関係のありようが随分変わってくるものですが、どうだったでしょうか。そのようなメモを使用した感情表現や関わり方によって、課題の達成度や部下の満足度が変わることもあります。また、このエクササイズで観察者をおいて取り組んだ場合では、本書のルーブリック（フィードバック用）を活用してみるとより客観的なデータを集めて考えることができると思います。

　つぎの小講義Ⅳではマネージャのあり方（姿）を説明しますが、私たちはどこかで、リーダーの関わり方（リーダーシップの発揮の仕方）は民主的であるのが良い、それが効果的であると思っている節があります。しかし、必ずしもそうではなく、状況、つまりメンバーの様子、時間や仕事の内容によっては専制的（指示的な関わり方）が必要であることも銘記しておくことが大切です。これは、状況に応じてマネージャとリーダーが関わり方を変えていくことを意味します。そのため、その場や相手の状況に常に関心をもち、よく観察、診断する能力がリーダーの資質として要求されると思います。

小講義Ⅳ　マネージャの姿

■マネージャの目的

　マネジメントの最大の目的は，組織・部署が役割を果たせるようにすることです。そのためにマネージャは，ほかのメンバーたちがもっと知識を増やし，適切な決断と好ましい行動ができるように促します。この目的の達成のためにマネージャは行動しますが，多くの場合，自らの行動は現場から距離を置いています。

　第一にすることは，行動から一歩距離をおいてメンバーのコーチング，モチベーションを高める，チームを構築させる，組織文化を強化することなどで，メンバーが行動する背中を押すようにします。第二には，さらにもう一歩距離をおいて，セールスチームの販売目標の設定，顧客情報の共有など，「情報」を使って導くように他のメンバーたちが行動しやすくします。

■マネージャの役割

　マネージャの役割は，矛盾する要素，直感，利害，環境，立場，理想の折り合いをつけること

です。一般的なマネージャは，現場から一歩離れて自分では直接手を出さないし，少し前のマネジメントは「組織をコントロール（統制）すること」とほぼ同義語とされていました。しかし，マネージャは単なる管理者ではないとマネジメントの巨匠ドラッカーも指摘しています。

　マネージャとして重要なことは，コントロールする役割を避けることではなく，またコントロールすることばかりを考えないことです。

■3つの次元のマネージャ

　マネージャが担うマネジメントは主に，情報，人間，行動の3つの次元で役割を行っています。

　情報の次元では，周囲の全てとコミュニケーションをとり，情報を通じて組織内をコントロールしていきます。人間の次元では，組織外と関わり，組織内のメンバーを導いていきます。行動の次元では，組織外と取引することと，ものごとを組織内で実行していきます。

　これらのことから，マネージャは，

（1）組織内のメンバー個々との関係で，

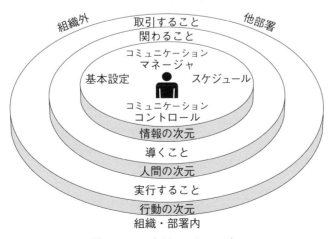

図5-2　マネジメントのモデル

『エッセンシャル版　ミンツバーグ　マネージャー論』（Mintzberg 池村訳，2014）より

（2）組織内のチームとの関係で，

（3）組織全体（組織文化）との関係で，

リーダーシップを発揮する役割があります。

しかし，リーダーシップは誰かに預けられるものではなく，学習し実際の行動をとおして身に着けていくものです。したがって，現実は甘くはないし，リーダーシップは魔法の杖ではないので，マネジメントの不可欠な要素の1つと捉えると良いでしょう。

これらのほか，マネージャの頭の中では，仕事の基本設定を考えること（戦略の立案，業務の優先順位を決める），スケジュールを立てることも行われています。また，特定のテーマを重点項目として位置付けたり，戦略を立案したりすることによって，仕事の基本設定を行い組織の目的を定めていくのです。

このように，組織のメンバー全員の仕事の枠組みを示すこと（仕事の基本設定）は，明瞭な提示のされ方であればあるほど，ばらばらな仕事の断片をつなぐ役割を担うことになります。

■有能なマネージャの資質

有能なマネージャの資質リストがあります（表5-1）。しかし，このリストの全てを備えた完璧なマネージャは存在しません。重要なことは，誰にでも欠陥はあるのでその欠陥が致命的な弊害を生まないようにすることです。

組織に致命的な弊害をもたらすのは，①マネージャを務める意思や能力が本人にない場合，②その仕事そのものが遂行できない場合，③適材適所ではない場合，④成功（体験）が逆に失敗をもたらす場合です。

■マネージャ養成のため教育

学校の教室でのマネジメント教育，特に1つ1つの役割やスキルを別個に教えるやり方は効果が見込めません。また，必要とされるスキルを教室で身につけたとしても，それだけで優れた現場のマネージャにはなれません。やはり，自らの経験から学ぶこと，つまり体験から学ぶことが大切です。

表5-1　有能なマネージャの資質

献身的姿勢	率直さ	勇気	好奇心	自信
エネルギー	洞察力	人脈が豊か	寛容さ	革新性
思慮深さ	賢明さ	実務的である	知性	公正さ
情熱	協力志向	ビジョン	カリスマ性	観察能力
陽気である	楽観的である	責任をはたす姿勢	野心的である	積極性
協働志向	参加志向	引き込む力	支援姿勢	共感能力
安定性	頼りがい	長身である	客観的である	倫理的である
一貫性	柔軟性	バランス感覚	統合する能力	誠実である
偏見がない	情報通である	分析的である	感情移入する能力	粘り強さ 不屈の精神
ふりかえりを 重んじる姿勢	人を鼓舞する力・ 促す力	熱心さ 熱意	コミュニケー ション能力	行動志向 の決断力

『エッセンシャル版 ミンツバーグ マネージャ論』（Mintzberg 池村訳，2014）より，一部を改変

気づきの明確化シート　──みとおす──

1．あなたの職場でこれまで起こった問題は，どのように対処されていましたか。

2．これから同じようなことが起こった場合，どのように対処しようと思いますか。

3．あなたが，これからマネージャ（またはリーダー）として働くことがあれば，
　　どのようなことを心がけたいですか。

4．"みとおす"ということについて，気づいたこと，学んだことは。

5．ここまでの章で，気づいたり，学んだりしたことを，自由に書いてください。

6．その他，あなたが気づいたこと，感じたことを自由に書いてください。
　　（具体的に …etc.）

章末回答例『あおぞら花子さんの職場』の場合

あくまでも，私（筆者）の視点，ものの見方の１つの例に過ぎないと捉えてください。

〈課題１〉
・本当に「退職したい」と思っている。その理由は，このような仕事は続けたいが，職場の風土や人間関係は耐えられない。職場（集団）には馴染めないし，つらい思いをしてまで仕事を続けたいとは思わないから。
・本当は退職する気持ちはない。退職を申し出たのは，施設長に気づいて欲しいから。直接施設長に退職を申し出れば，施設長が「なぜ？」と理由を聞くだろうし，退職する意志を変えるように何か話をしてくれるかもしれないと思っている。

〈課題２〉
・Ｘ集団への支援があったおかげで，施設行事の準備・業務の停滞，放棄を回避できたという成果があった。その理由は，他集団の職員メンバーによる実質的な「業務荷担」は，施設内の職員同士の助け合いとして，当然のことだといえるから。
・しかし，施設長と全職員は以前と同じ行動・態度を継続し，悪評価はその後も続いた。
・Ｘ集団への支援は，過度なもので，悪評判を強調し続けることになる。その理由は，Ｘ集団が主体的に取り組む，あるいは自分の仕事を自覚する機会を奪ったと捉えることができるから。また，この「業務荷担」は，他の集団の職員たちの負担が増えることであり，このような支援（介入）をいつまで続けるか？　という問題の先送りでもある。

〈課題３〉
・理事長は，これまでの支援（介入）を最小限にする決断をして指示した。
・勃発した事件の解決は，Ｘ職員集団の主体性に委ねた。また，Ｘ集団の後方支援として，他集団の職員がバックアップする体制が組まれ，主体はあくまでもＸ職員集団であることを定義して，全職員が明確に意識することと，確実な実行を促した。
・施設長と全職員は，理事長の意向に賛成し，最善を尽くすことにした。
・Ｘ集団内の事件を契機として，施設長からＸ集団に対して「Ｘ集団が解決することを期待する」という言葉がけを意図的に行った。このような動機づけ，期待を込めた言葉かけが，Ｘ集団のパフォーマンスが向上する効果をもたらした。
・これらは，「他の集団からの支援は，自分たちの考えではない。これも自分の仕事ではない」という声を尊重したことになる。また，全体から事の成り行きを見守られる中で，Ｘ職員集団が事案解決に奔走したので，好結果を生み出した。
・この件は，Ｘ職員集団内外の評価を一気にプラスへと引き上げ，施設長もこの一連の解決の過程を評価して，自分の采配にも自信をもった。主任Ａの，「この状況を改善したいが，混乱している？　状態」も落ち着いて，これを契機にＸ職員集団は仕事を自ら積極的主体的に取り組むようになり，パフォーマンスが向上した。

解答を見る前の『あおぞら花子さんの職場』への解説

●解説「職員の成長機会とフォロワーシップ」

これまでの施設長の采配と他の集団職員たちの行動をどのように解釈し評価するのか？　これに関心（視点）を向けて「職員の成長機会とフォロワーシップ」について考えてみましょう。

もちろんX集団も望ましい働きではありませんでした。また、施設全体に関わる行事の当番業務をX集団が滞らせてしまうことは、子どもたちの期待・信頼・楽しみを確保するためにどうしても回避しなければならない状況でした。

一方、施設長は、業務の停滞が繰り返し生じているので、「円滑に手助けを指示したことにより行事開催業務の危機を回避した」とか、「確実な支援を担う他の集団は頼りになる職員ばかりで、いつでもX集団の失敗を補完できる」と満足しているのかもしれません。

しかし、施設長にはDさんを含めてX集団の職員たちの業務を監督・指導する責任もあります。また、子どもたちに支援を提供する施設の職員は、「子どもたちの"お手本"となる"大人"であって"相応しい振る舞い"」が必要です。これに応えるという組織的命題があるにもかかわらず、それを裏切ってもよいとでも勝手に思い込んでいるのでしょうか。したがって、人財育成、職場改革という観点から捉えなおして長期的な視点に立てば、X集団に失敗を経験させることで成長を促す考えも大切だったといえるかもしれませんが、これまでの采配は、X集団の今後の主体性発揮のためにも、その成長を遅らせてしまったと思います。

このように企業倫理やリスク回避という管理者側の都合（視点）で捉えてしまうのではなく、フォロワーシップ、つまり、「どのような環境を与えれば人材が育つのか」というX集団に対するフォローを前提に考えることが施設長に求められていたことだったと考えることはできないでしょうか。

●職場の環境づくりとフォロワーシップ

では、施設長を一般的な職場のリーダーとして捉えて、私なりの考えを説明します。肝心なことは、リーダー自身のフォロワーとしての能力と自分の知識のレベルの正確な把握です。まず、管理者としてのリーダーは、職員たちの主体性を重んじるべきか否かを見極めなければなりません。また、職員の主体性や自主性の向上にはどのような関わり方でフォローしていくのか、というフォロワーシップを考えることが必要です。そして、主体性・自主性を向上させながら職員たちの成長を望むならば、功を急がせないように時間的な余裕を確保します。さらに、プロジェクトを自由に企画実践できるような体制づくりを保障して、「自主自律の時間と空間」という環境を与えることが大切です。お互いに「目標」や「成長」の定義をすり合わせて、必要な環境を整えていくこと、そしてリーダーがその結果に対しては責任をしっかり背負っていく姿勢を示すことです。

リーダーがやるべきフォロワーシップの最も重要な命題は、職員一人ひとりにもフォロワーとしてのスタイルを構築させることができるかどうかです。メンバー各人と時間を共にしてフォロワーとしての理想のスタイルを明確にもたせていくことが大切になります。したがって、場合によっては、一時的に職場のリーダーの負担とデメリットが生じることもありえるので覚悟しておく必要があるでしょう。

フォロワーシップが発揮された理想の職場というのは、リーダーが職員たちをがっちり支え、徐々に職員たちが自立したフォロワーとなって、リーダーを超えていくことです。したがって、リーダーのためのフォロワーシップという観点からその大前提を示すと、リーダーにしかできないことを最終的にゼロにすること、これがリーダーの最大の役割だと思います。

『マネージャ・ゲーム NOW』用語集

●難易度を上げる場合：影絵を使用

課題①：それぞれに同種類の紙片を集めること。
課題②：影絵と同じ形を紙片でつくること。

影絵（例）

難易度を上げる場合は，下記の用語集を見やすく厚紙に拡大コピーして切り取って紙片を作成してください。紙片は「タングラム」または「キングラム」7人分を7色で作成し，1人分の紙片には用語集の同種類の用語を貼付します。

●難易度を下げる場合：用語集を切って実施

課題①：それぞれに同種類の紙片を集めること。
難易度を下げる場合は，厚紙に下記の用語集を見やすく拡大コピーして切り取って実施します。1人分の紙片は4枚，7種類の紙片を用意してあります。さらに，1人分を7枚として実施する場合（作業量を増やす）では，用語集追加分を3セット追加する必要があります。

色	『マネージャ・ゲーム NOW 』用語集（1人 4枚の場合）			
白	目的の共有は？	目的の共有は？	目的の共有は？	目的の共有は？
赤	仕事の手順は？	仕事の手順は？	仕事の手順は？	仕事の手順は？
黄	時間の管理は？	時間の管理は？	時間の管理は？	時間の管理は？
青	決め方は？	決め方は？	決め方は？	決め方は？
茶	リーダーシップは？	リーダーシップは？	リーダーシップは？	リーダーシップは？
緑	雰囲気はだれが？	雰囲気はだれが？	雰囲気はだれが？	雰囲気はだれが？
黒	メンバーの様子は？	メンバーの様子は？	メンバーの様子は？	メンバーの様子は？

用語集 追加分（1人 5枚の場合）※色は4枚の場合と同じです。

目的の共有は？	時間の管理は？	リーダーシップは？	
仕事の手順は？	決め方は？	雰囲気はだれが？	メンバーの様子は？

メンバーの役割行動 Performance ルーブリック

仕事を達成する（P機能）	すばらしい 模範的（5）	できる 妥当（3）	まだまだ 要努力（1）	その気がない 要改善（0）
P-1 自分から始める	すすめ方や考え方を示して、成果などを記録する（該当メンバーの名前）	課題や目標を出したり、求めたりする（該当メンバーの名前）	受け身で、目標や手順など考え方を出さない（該当メンバーの名前）	他者がするまで何もしない、または会話の邪魔をする（該当メンバーの名前）
P-2 情報や意見を求める	事実や適切な情報を求め全体を把握する	他者に考えや希望を出すように求める	何が大切なのかに気づいていない	違った意見は不適切だと思って、考えを聞かない
P-3 情報・意見を出す	意見を入れない事実と適切な情報を提供する	事実をもとに自らの考えや意見を出す	自らの意見や考えを必要とされても出さない	個人の不適切な意見や偏見を好んで述べる
P-4 明らかにする	具体例を出して他の可能性や問題点を示す	出された考えを検討して混乱をときほぐす	他者が混乱していても放置する、または焦っている	私語やいたずら書きをしたりする
P-5 まとめる	関連するアイディアをまとめて、示す	討議されたアイディアを言い直して確認する	アイディアの関連づけやまとめをしないですすめる	アイディアの関連づけやまとめを他者まかせにする
P-6 一致か確かめる	決定に近づいているのかを試す意見を出す	どこまで同意が得られたかを全員に確かめる	どこまで同意が得られたかを確かめない	他者に依存して、遅い進行に不平を言う

メンバーの役割行動 Maintenance ルーブリック（フィードバック用）

維持・まとめる（M機能）	すばらしい 模範的（5）	できる 妥当（3）	まだまだ 要努力（1）	その気がない 要改善（0）
M-1 はげます	他のメンバーが貢献できる機会を与え配慮する 該当メンバーの名前	他のメンバーの考えを快く受け入れる 該当メンバーの名前	他のメンバーの考えに配慮しない、反応しない 該当メンバーの名前	他のメンバーの提案を無視する、冷たく拒否する 該当メンバーの名前
M-2 感情を表に出す	グループの雰囲気、メンバーの感情や人間関係を感じとり表明する	自分の感情を伝えて、他のメンバーと共有する	グループ内の雰囲気やメンバーの感情、人間関係に気づかない	反応を無視して、必要とされる自分の感情表明に応じない
M-3 調停する	意見の不一致や相違に動きが見出せる	ユーモアで雰囲気を和らげ、取り組み易くする	得意なことを発言し、意見の相違に気づかない	反対のための反対や、緊張関係に拍車をかける
M-4 歩み寄る	自ら誤りを素直に認め、可能な方向に歩み寄る	合意に向けて他者に関わり、譲歩を提案する	自己防衛に引っ込んで、自らの誤りを認めない	合意に向けて高慢になり、他者に服従を求める
M-5 話し合いを促す	参加しやすい手順を提案して、話し合いを促す	発言の偏りや過度な動きの調整を提案する	メンバーの参加度の違いや発言の偏りに気づかない	自分の支配域を広げ、他のメンバーを操ろうとする
M-6 基準を設定する	達成目標と、生産性を評価する基準を示す	仕事の目標や手順など、評価の標準を提案する	グループの目標や手順の標準に無頓着でいる	基準に無頓着で、その場に合わない言動をする

6

協働する

場をたがやす時を共にする

■「ダンボール迷路」をつくろう

　読者の皆さんは,「ダンボール迷路」を見たことがありますか?　もちろん,素材がダンボールでできた迷路のことです。最近はイベント会場や学校祭などでもダンボールが会場一面に並べられて,たくさんの子どもたちで賑わっているようです。ダンボール製造メーカーのサイトでも紹介されていて,手軽に素材も入手できるようになったため各地で見られるようになったのかもしれません。そのようなダンボール迷路を皆さんは造ったことがありますか?

　私は2001年からダンボールを積み上げた迷路を地域の子どもたちとつくっていました。「地域ふれあい広場」という交流イベントの企画担当者だった頃のことです。ダンボールを積み上げるために選んだ会場の体育館を全面的に占有する計画で,イベント前日に約6時間の作業を経てダンボール迷路が完成し,イベント終了後に約4時間で片付けるというものでした。

　このダンボール迷路は,数か月前から町にある食品工場の理解と協力を得て,子どもたち(小中学生)と私によるダンボール集めから始まりました。同じ形と大きさのダンボールをどうやって集めるのか,集めたダンボールはどこに保管するのか,どの程度の数が集まれば楽しめる迷路が設計できるのか,当日の迷路づくりの作戦はどうするかなど,準備で多くの困難に直面しながらも,設計図を頼りに前日の午後から作業する時を子どもたちと共にすることで迷路が完成します(写真 p.109:実際の迷路,エクササイズの完成品)。

■さまざまな思いの共有体験から

　このダンボール迷路づくりの準備段階から参加した子どもたちは,「たくさん迷子がでるかな」,「たくさんの人に迷路を楽しんでほしい」と期待に胸を膨らませながらも,「工夫することは何か」など試行錯誤を重ねていきます。当日は,この子どもたちの応援に地元の高校生と短大生が駆けつけて迷路を運営していきます。来場した人たちが迷路で楽しむ(迷う)姿を見て喜び,時には汗を流して迷路をつくった感動やお互いの健闘をたたえ合います。また,迷路はダンボールを単純に重ねただけなので補修も行います。このように子どもたちは,親の目が届かない場所で自己中心的な日常生活から離れて他者との共同作業を体験します。ダンボール迷路に取り組むことによって,子どもたちの主体性と協調性を育む機会になったように思います。

　本書では,私が子どもたちと取り組んだ「ダンボール迷路」制作を参考に,チームで協働するエクササイズを作成しました。その名称もエクササイズ『ダンボール迷路』です。当時の私が子どもたちとさまざまな思いを共有するイベントの雰囲気と,どのように取り組むのかという"協働する"ことにも注目してみましょう。

エクササイズ『ダンボール迷路』

このエクササイズは，「ダンボール迷路づくり」に取り組んだ私と子どもたちとの経験をもとに作成したものです。

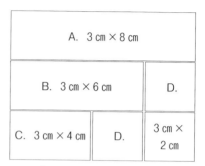

『ダンボール迷路』の部材図

▶ このエクササイズで学習できること

○チームで課題を達成する過程で起こる事柄（自分や他者の動き，コミュニケーションやメンバーシップ・リーダーシップのあり様，作業のすすめ方など）を学びます。
○自分や他者がどのような働きを発揮しているかを知ることができます。
○チームで活動する際に起こることを観る力を養うことができます。

▶ このエクササイズのために用意するもの

○見本となる"迷路"（または迷路の図面。インターネットで「迷路のつくり方」などと検索してみてください）。迷路の素材は色ダンボールを使用します。
○各チーム4種類（4色）の迷路部材（図参照：部材図A, B, C, D：44片）。
○見本"迷路"の閲覧・展示室（用意できないときはパーテーションなどで仕切る）。
○A3サイズの白紙（設計図・メモなどに使用する）を各チーム6枚。
○マジックインキ（8色）。
○発砲スチロール（A3サイズ：2cm四方の升目入り用紙を貼る）各チーム1枚。
○爪楊枝を部材数の2倍程度の本数。
○「課題とルール」を書いた掲示物（模造紙）と指示書（p.110を人数分）。

※部材：44片
　A. 2片，B. 9片，C. 10片，D. 23片
※見本"迷路"は自由に設計してみましょう。
※A，B，C，D．はカラフル（4色）にしましょう（工夫すること：各片は縦・横置き向きの2枚重ね）。
※上記の外に，外周枠　4片（3cm×20cm）
※土台：発砲スチロール

▶ このエクササイズのすすめ方

参加人数の目安は，10〜40人です。参加者がこれ以上いる場合は運営補助スタッフが複数名必要です。このエクササイズは，導入（5分），課題とルールの提示（5分），チームでの討議・作業（40分），結果の審査（10分），ふりかえり・わかちあい（20分），小講義（10分）の順を目安に，つぎのようにすすめていきます。

ここでは，ファシリテーター役が別にいる場合（※）を含めて説明します。

1．課題とルールの提示

1）このエクササイズは，メンバーが協力しあうこと，ルールを守ることが大切です。「課題とルール（指示書）」（p.110）に目を通します。※もしも，参加者から質問があった場合には，「お互いに話し合いながら取り組む

こと」，「その意義を理解して試みること」という程度の追加説明に留めます。

2）5～6人で1つのチームをつくります。決まったらそれぞれの位置に座ります。

3）※エクササイズを始める前にファシリテーター（世話をする人）はつぎのことを告げておきましょう。「特に注意してほしいことは，各チームから見本を見に行くことができる人数は常に1人であること。見本にさわることができないこと。用意された材料にも触れることができないこと」

2．エクササイズの実施

1）作業開始の合図で各チームは見本の"迷路"と同じものをつくるための最も有効な方法を話し合います。

2）チームから見本の"迷路"を見に行くことができるのはチームから常に1人です。交代は自由ですが見本に触れることはできません。

3）計画・準備が終わったら，作業に入る（見本の"迷路"と同じものをつくる）ことをファシリテーター役に告げてから行います（ここからは見本を見に行けません）。

4）所要時間は40分間です。作業が終わったらファシリテーター役に知らせます。

3．エクササイズによる完成物の発表と審査

1）所定の時間が過ぎたら，全チームが作業を終了してファシリテーター役の審査が行われ

ます。審査は100点満点として，不完全さに応じて減点（1箇所1点）していきます。また，時間点を加点（1分1点）してチームの得点とします。

4．エクササイズのふりかえりとわかちあい

1）得点発表が終わったら「プロセスシート」（p.111）を記入します。

2）参加者全員の記入が終わったらわかちあい（グループ，全体）をします。

3）※応用として，5章末にある「ルーブリック（フィードバック用）」（p.105～106）を全員に配布してメンバーがどのような項目に該当するのかを伝え合うとよいでしょう。

5．コメントと小講義

　上記までの取り組みを終えたら，「コメント」や「小講義」を読んで学習してください。

　なお，この章に掲載しなかった「小講義」はつぎのとおりです。今後の参考にしましょう。

・小講義 I 「成熟したグループの特徴」星野欣生（著）『職場の人間関係づくりトレーニング』（2007，金子書房）
・小講義「チームワーク5つのポイント」星野欣生（著）『職場の人間関係づくりトレーニング』（2007，金子書房）
・小講義「プロセスへのアプローチ」津村俊充・星野欣生（編）『実践 人間関係づくりファシリテーション』（2013，金子書房）

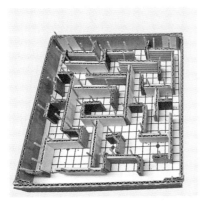

写真：エクササイズ『ダンボール迷路』完成品

子どもたちが取り組んだ迷路

『ダンボール迷路』課題とルール（指示書）

【ねらい】
● チームで課題を達成する過程で起こる事柄（自分や他者の動き，コミュニケーションやメンバーシップ・リーダーシップのあり様，作業のすすめ方など）を学ぶ。
● 自分や他者がどのような働きを発揮しているのかを知る。
● チームで活動する際に起こることを観る力を養う。

【課題】
チームに与えられた材料を使って見本の"迷路"と同じものをつくることです。
チームに与えられた時間は40分（以内）です。

【すすめ方】
1．計画・準備
・見本の"迷路"と同じものをつくるために最も有効な方法を話し合う。
・その間，与えられた材料に手を触れることはできません。
・見本"迷路"を見に行くことができるのはチームから常に1人です。
ただし，交代は自由にできます。

2．作業
・計画・準備が終わったら，作業の開始をスタッフに告げます。
・作業を開始したら見本を見に行くことはできません。
・作業が終わったらスタッフに「作業終了」を知らせます。

3．審査
・所定の時間（40分）が過ぎたところで，スタッフが作品を審査します。
・審査は100点満点として，不完全さに応じて減点（1箇所1点）します。
また，所定の時間より早く作業が終わった場合には，加点（1分1点）として
チームの得点に加算します。

4．ふりかえり

『ダンボール迷路』プロセスシート

エクササイズをふりかえりましょう。
自分の言葉で，感じたままを自由に記入してください。

1. チームの活動に，どの程度あなた（または他のメンバー）は参加した実感がありますか。
   （どのような点で）

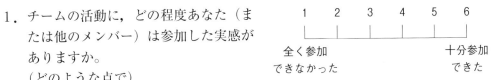

2. 今の活動で，チームのメンバーの意見や気持ちをどれくらい聴けましたか。
   （どのような点で）

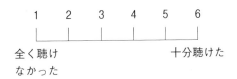

3. 今の活動の中で，あなたはどれくらい，意見や気持ちを言えましたか。
   （自分のこと，メンバーのことなど…）

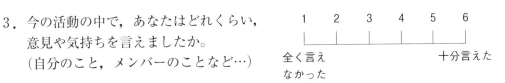

4. チームで課題に取り組む中で，どのようなことに関心をもちましたか。
   （具体的にどのような…）

5. 他のメンバーのどのような言動に影響を受けましたか。
   （だれの）　　（どのようなときに）　　（どのような）　　（どう感じたか）

6. その他，このエクササイズであなたが気づいたこと，感じたことなどは…

コメント

このエクササイズ『ダンボール迷路』をとおしてどのような体験をしたでしょうか。

課題が難しかったので，もしかするとモデルを見に行くことや組み立てなどを気にしすぎて，グループの様子が今，どのようになっているのかを見ることがあまりできなかった人もいたかもしれません。しかし，それだけ夢中になれる課題だったという事は，そのような自分に出会える好機になった人もいるかもしれません。

モデルを見てきて，それを覚えてきたつもりが「あれ？　忘れた，どうだったっけ」という人と皆で大笑いをしている中で，得意な人がフル回転してグループに貢献していく姿を「頼もしい」と思えるときもあったことでしょう。たとえば，このように得意・不得意といった個人差が見えてくると，モデルを見に行くことをためらう人がいたり，話し合いも限られた数人に偏っていくことがよく（意志決定や情報共有の個人差が生じる）あります。またこのエクササイズでは，モデルを見に行くのが1人だけで，残りのメンバーで話し合う場面が度々起こります。そのようなときに，「こんなことが決まったよ」などのひと言があるのかないのかによって，チームの情報共有の度合い（誰がそのことに気づくのかも含めて）が試されていくようになってきます。

限られた時間内で成果が求められると，どうしても成果を出す方に気を取られてしまいます。しかし，チームの目標の明確化や共有化，その目標に向けて誰がどの役割をどのようにすすめるのかの仕事の手順がどれほどチーム内で明確にできているのかが大切になってきます。その一方で，役割が固定化されすぎると作業の思わぬ停滞を招くこともあります。柔軟な対処ができるように，まず誰がそのことに気づいてどうするのかが大切です。もしかするとそのままスルー（放置）してしまう人もいるかもしれません。

「ふりかえり（プロセスシート）」のわかちあいでは，そのようなことも含めて，それぞれのメンバーが「何を見ていてどのように思っていたのか」など，目に見えない影のエピソードが明らかになったチームもあったでしょう。また，エクササイズをとおして，「ふりかえり」の大切さにも気づくことになれば，私たちの日常も，いつも前に進むことばかりの日々から見落としていた有用なものが見えてくるような変化もあったかもしれません。

「ふりかえり」の大切さを認識したところで，つぎの小講義では「チームビルディング」を取りあげます。職場やサークルなどの協働性を創生していくための，今後の参考にしてほしいと思います。

小講義Ⅰ　チームビルディング（Team Building）

「チームは変化する生き物である」という考えのもとで，力の源泉となる「組織づくり」が注目されています。大企業や病院などが，コーチング，ファシリテーションなどのキーワードとともに注目を集め始めているのが「チームビルディング」です。

グループとチームには違いがあります。グループは，集団や仲間など複数の人間の集合体を意味します。チームは，野球やバスケットボールのように，ある共通の目的に向かって協力し合いながら行動していく人間の集合体を指します。広い意味では，企業や施設，それらを構成する組織が1つのチームということです（ただし，「チームビルディング（組織活性化のための変革／編成）」が対象に見据えるのは，すべてのメンバーがお互いの特性をしっかり把握できるようなもう少し小規模な集団を指しています）。

■チームビルディングのモデル

「チームビルディング」は，企業などの1つの部署や役員会などに対して，互いの関係性を深めることを目的に行われるチームづくりを指します。既存のチームに対して，可能な限り短い時間で一体感を育み，機能を活性化させる技法です。また，あらゆる基盤を「人」に置き，人と人のつながりをデザインします。

研究者でもある組織開発コンサルタントのBeckhard（1972）は，組織のさまざまな試みの観察から「チームビルディング」の主要な目的をつぎの4つに大別しています。

①成果目標や優先順位の設定
②メンバーの役割と責任に従った，仕事を遂行する方法の分析と配分
③仕事の仕方（手順，すすめ方，規範，意思決定）
④メンバー間の関係性

また，「チームビルディング」のためのミーティングやアクティビティ（活動）を実施する際には，①〜④のいずれの目的が主要であるかを明確にする必要性があります。

この「チームビルディング」のモデル（図6-1）は，「成果目標」，「果たす役割と責任や権限」，「仕事の手順（やり方）と決め方」，「メンバー相互の意思疎通や関係性」の4つをチームで明確にし，共有し，それらの質を高める次元を想定するとともに，図中の上部の次元からチームで取り組み始めることを示唆したものです。

（1）成果目標

チームで活動する際の根幹は「成果目標」です。チームの成果目標やビジョンがどれくらい明確なのか，それがメンバーの間でどれくらい共有され，メンバーが自分のこととして当事者意識がどれくらいあるのか，ということがこの次元（目標）の課題です。もし，チームが目指す成果が不明確である場合，各メンバーが目指す目標がバラバラである場合，目標が与えられたものでメンバーの内発的な動機がない場合は，メンバーがチームとして協働することが難しくなります。チームづくりや協働の創生にとって初期に最も必要とされるのが，ともに取り組むための「目標の明確化」とそれを「共有する」ことなのです。

（2）果たす役割と責任や権限

つぎの第2の次元の「果たす役割と責任や権限」は，どのような仕事を誰が行うのか，に関わるものです。ビジョンや目標を達成するために，どのような事柄に従事する必要があるのか，

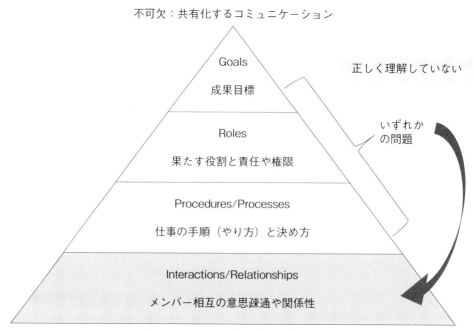

不可欠：共有化するコミュニケーション

Goals
成果目標

正しく理解していない

Roles
果たす役割と責任や権限

いずれか
の問題

Procedures/Processes
仕事の手順（やり方）と決め方

Interactions/Relationships
メンバー相互の意思疎通や関係性

図6-1　チームビルディングのモデル
（Noolan, 2005より作成）

それらの仕事は誰が何を担当するのかの「役割」が明確になっているのか。また，そのような「役割」の割り振りが共有されているのか，各メンバーの責任や権限が明確で共有されているのか。さらに，お互いの役割で柔軟な相互の補いがどれくらいあるのか，ということがこの次元の課題です。曖昧な役割分担は，誰も責任をもたない仕事が多くなる一方で，役割分担を明確化・細分化・厳格化しすぎる場合には，他の役割を気にしない（無視する）分業化が進むので，協働が生まれなくなります。したがって，チームづくりと職場の協働を生むためには，適度な役割や責任の明確化とチーム内での共有化，そしてメンバーが互いの役割や権限を相補い調整する柔軟性が必要になります。

（3）仕事の手順（やり方）と決め方

　第3の次元の「仕事の手順（やり方）と決め方」は，チームがどのように仕事をすすめるかに関わるものです。仕事の手順は適切か，その手順の明確化や共有化の程度はどうか，チームはどのように意思決定をしているか，チームがどのように話し合いをすすめているか，メン

バーはどのようにマネジメントされているか，などが課題です。

　業務フローや会議のすすめ方と決め方が適切に共有されていると，メンバーの協働性が高まります。また，マネージャやリーダーによるトップダウン型のチームの場合は，部下が意思決定に参加ししにくいし，協働的な合意が難しくなります。つまり，意思決定とマネジメントのスタイルが協働的であるかどうかも，この次元の重要な関心ごとになります。

（4）メンバー相互の意思疎通や関係性

　「メンバー相互の意思疎通や関係性」の次元は，メンバー間の関わりで生じる葛藤，対人感情，パーソナリティや価値観の違い，互いの影響関係や気持ちのレベルなど，メンバー同士の関係性に関わるものです。チームが上手く機能していない場合，この関係性の次元に問題の焦点が当たることが多いと思われます。しかし，チームづくりと協働の創生のためにいきなりこの次元に介入するのは，リスクが大きいとされています。その理由は，「メンバー相互の意思疎通や関係性」の次元で起こるさまざまな問題

は，他の３つの領域（「成果目標」「果たす役割と責任や権限」「仕事の手順（やり方）と決め方」）のどれかで，メンバーが正しく理解していないために生じることだからです（Burke, 1982 小林監訳・吉田訳, 1987）。したがって，上位の３つの次元で生じた問題を取り扱うことによって，それが解消されてからこの次元で起こっている問題を取り扱うのが望ましいということになります。

このように「チームビルディング」のモデルから学ぶことは，チームの協働を創生していくための目標や役割，手順の共有の重要性です。これらの共有にそのためのコミュニケーションが必要不可欠であることには議論の余地がありません。「組織における成功の循環モデル」（p.73）が示唆していることも同じです。

■チームワークの本質

チームワークは，メンバーが任務を果たす上で，どれだけ自分の役割をしっかり務めるかに左右されます。成果を上げているチームは，メンバーたちが任務の遂行にあたって，どのように協力し合うべきかをよく知っています。また，このメンバーたちは，「何が役に立ち，何が役に立たないのか」を共有しながら活動しています。その意味で優れたチームワークとは，メンバー相互の支援関係が上手く機能する状態だといえるでしょう。したがって成果を上げるチームとは，各メンバーが自分の役割を適切に果たしつつもほかのメンバーと助け合っている集団であると定義できます。

しかし，職場の全メンバーが何かの役割を見つけることを，組織が達成しようとすることに関連させるのは複雑なことです。それは，他者から何を期待されているのかを見つけることでもあるので，他者が抱く要求や支援の必要性を知ること以上に難しいからです。またメンバー全員が「自分の与えたことに対し何かを得る形で公正な埋め合わせがあるので，釣り合いがとれている状態」を感じることも必要です。それ

が満たされれば，相互の信頼関係が確かなものとなるのでメンバーたちが公正さを感じます。つまり，チームワークの本質は，全てのメンバーにおける相互支援を発達させて持続させることだと思います。

■チームの最適化に向けた個の強化

時間の経過とともにチームが良くも悪くも変化していく現状は，チームを構成する個人の考えや感情，能力，スキル，他のメンバーとの関係性などが変化していくからだと考えられます。したがって，チーム全体の成熟度を見極めながらチームの成長を促す一方で，一人ひとりのメンバーの状態に目を向けることも重要です。それは，一見スムーズなチームの運営ができているようでも，目的や役割を見失ってモチベーションが低下しているメンバーや，人間関係でストレスを抱えながら活動するメンバーがいる可能性もあるからです。このような状態が長期化すれば，やがてチーム全体の活力にも影響が出始めます。早期に対処しない場合はチームが崩壊の危機にさらされる可能性もあります。

個人が十分に力を発揮できないような組織が，良い成果を達成できるはずがありません。「チームビルディング」は，個人のフォローアップも非常に重要なプロセスとしています。

また，チームにうまく貢献できていないメンバーを見つけたときには，個人を責めるのではなく，チーム内でのポジションや人と人のつながりのどこに原因があるのかを見つけ出すようにします。その上で個人のスキルアップが必要と判断されるなら学習の機会を用意します。一方的な指導として「もっと主体性をもつように」とか，「もう少し，本来の○○さんの実力を発揮してほしい」などと伝えても，そのメンバーの思うようにできない事情もあるからです。さらに，指摘されることで委縮してしまうことも考えられるのでやめましょう。このような場合には，当初に作ったチームの形にこだわる必要はありません。チームの形は継続的に見直し

をしながら，途中からでも大胆に変える勇気も必要です。そうすることで，メンバー一人ひとりのコンピテンシーを引き出して，相互の信頼関係や補完関係を強化することはチームの最適化にとって欠かせないことです。「チームビルディング」の具体的な手法には，さまざまな考え方や議論があります。また，実践的に体験できるトレーニングやエクササイズも数多くあるようです。本書のいくつかのグループで行うエクササイズでも，あらかじめこのポイントを踏まえたうえで学習していくことによってそれぞれのニーズに合った「チームビルディング」を体得してほしいと思います。

■チームの発展過程

　チームは，急に勢いを失ったり，活気づいたり，状況によっては危機的状況を迎えたりと，まるで「生きもの」であるかのようにさまざまな段階を経ながら成長していきます。このようなチームの成長を示したものが「タックマンモデル」です。これによると，チームが発展する段階は「形成期（メンバーを集めて関係を構築する）」から始まって，「混乱期（メンバー間の衝突が生じる）」を超えて「統一期（秩序や一体感が生まれる）」から「機能期（チームとして有効に機能する）」に至る４つの成長期を経て，ゴール後の「散会期（目的達成，事態の変化によって関係を終結）」に向かう（近年はここまでの５段階）と説明されています。有効に機能するチームは，活動しながらどんどん成長するということです。

　たとえ，チームの人選が重要であるとしても，チームが成長変化していく意味は人選が全てではないことを教えています。優秀なメンバーや，意見の対立が少ない同質のメンバーを集めたとしても，よりよい成果を達成できることはありません。さらに，多くの人員を投入しても短期間に完了できるとも限らないことを伝えています。それは，チームの進化の過程には，メンバーの結束や円滑な活動を阻害するさまざまな

リスクに直面することがあるからです。参考までにそのような例をいくつかあげておきます。

［進化の過程で想定されるリスク（例）］
・目的や役割分担についての認識を共有できていない
・コミュニケーションの機会が少ない
・問題点が解決されないまま放置されている
・利害関係や意見の食い違いにより対立関係が生じている
・モチベーションが低下しているメンバーや不満を抱えているメンバーがいる
・必要な知識やスキルが習得できていない

■チーム力アップの働きかけ

　チームは，できるだけ短期間で形成し機能するものへと導くことが理想的です。そのためには，チームの現状がどの段階にあるのかを見極めて，例のようなリスクに対応しながら，継続的にマネジメントしていくことが重要です。たとえば，メンバー個々のスキルとの整合性の高い目標をもつことで，少ない人数でも作業効率よく活動することができます。また，チームのメンバー同士の衝突を避けるのではなく，納得するまで徹底的に議論できる場を設けます。それによりメンバー同士が互いを理解し，意見の違いを乗り越えて新しい価値を生み出したりできるようになります。チームの成長を促して加速させるためには，このような“働きかけ”によるリスクコントロールが必要不可欠です。

　［“働きかけ”の例］
目的の共有：
　活動の目的は，なぜチームとして活動する必要があるのかについて，メンバー全員が共感的に理解できるよう共有するものです。これは，チームの統制を図るためのスタートラインとしても重要なことです。また，長期間に及ぶ活動の場合は，共有する目標の「再確認する機会」を継続的に設けていくことが大切です。
コミュニケーション：
　メンバーがお互いを理解し合うためにはコ

ミュニケーションが欠かせません。十分な意見交換を行ったり，情報を定期的に確認・共有したり，課題や問題点を報告し合ったりする仕組みと情報交換の場が必要です。

環境づくり：

　チームのメンバーのやる気を刺激して，主体性をもって参加したくなるような環境を整備します。具体的には，定期的な学習・交流の場の確保や，職場や会議室の空間的な演出，座席のレイアウトなども軽視できない重要なことです。

コンセンサス：

　チームのお互いの立場や考え方の違いを確かめ合いながら，合意形成をメンバー全員が納得した上で行います。一部の声の大きい人の意見が優先されることがないように，情報交換の場と仕組みの中でメンバー全員が自分の考えを表明しやすい雰囲気づくりを工夫するとよいでしょう。

■チームのコミュニケーションと生産性

　多くの職場では情報共有しにくい現状があるので，チームづくりやチームの能力，その効果を高めるための活動も難しいようです。チームとして機能している職場は，コミュニケーションの質が高く量も多くなり，生産性も高くなる

という法則があると考えられます。さらに，生産性の高い職場では，コミュニケーションを活性化するリーダーが存在し，全員が一丸となって仕事に向き合っています。これは，「思ったことを自由に，ひとつの頭の中で起こったことのように，皆で考えを補完し合いながら繋がった状態で活動している（チームが機能している）状態」といえるものです。このように，上手くいく「チームの活動」には，好ましい状態が生まれます。主な状態は，

1）一緒に考えている
2）一緒に行動している
3）自らの役割を意識できている
4）納得して主体的に動いている
5）チームの活動が楽しいので満足度が上がる

というものです。

　また，自分が感じた違和感を自然体で表明しやすい雰囲気も重要です。このような状態は，「行動から学ぶ，そして学ぶから行動する」という一連の流れになっていきます。何かの問題に遭遇したときには，その解決策を考えてから実行していく実際行動と，その後の"ふりかえり"をとおして個々人が学習すること，これら問題解決に取り組むことを「チームの学習」として取り組むようになっていくことです。

小講義Ⅱ「グループの何をみるのか」——グループ診断と介入

星野（2007）より一部修正

■グループ・プロセスの諸要素

　グループは生き物です。グループが動き出すと，人と同じように，それぞれに特徴が生まれてきます。グループの人格といえばよいでしょうか。また，それは変化していくものです。ここでは，グループが活動しているときに，そのグループの中でどのようなことが起こっているのかを考えます。それを「グループ・プロセス」と言います。その視点に基づいてグループをみることで，そのときのグループの状況を診断することができるのです。以下に，グループをみる視点を順次挙げてみます。「グループ・プロセスの諸要素」とも言います。

（1）グループのメンバーの様子

　メンバーの一人ひとりが，グループにどのように参加しているかに関することです。具体的には，参加の度合いとその変化のことで，私たちはグループにいつもフルに参加しているわけではなく，時に息を抜くこともあります。また，メンバーは相互に受け容れあっているかどうか，サブグループはできているかなどです。要は，そのことが課題達成にどのような影響を与えているかの観点から判断しなければなりません。もう1つの視点として，メンバーは，それぞれの感情を自由に表出できているか，ネガティブな感情の表出を抑えようとしていないかなど，感情表出に関することも大切です。グループの中で，気持ちを表すことが困難な状況にあると，お互いによそ行きの顔になってしまい，安定感に欠け，警戒心が強くなるものです。グループの課題達成はスムーズに進まなくなるでしょう。

（2）グループ内のコミュニケーション

　グループで話し合いをしているときに，相互に言いたいことが言えてなかったり，全く発言しない人がいたり，一人で喋り続ける人がいたりなど普段よくあることです。全員がいつも平等に発言する必要はないと思いますが，発言が偏っていることが，メンバーの不満足感を増やしたり，目標達成に影響を与えていることがあれば要注意です。そのような発言（主張）の仕方や，メンバーが相互に十分聴き合えているか，言い換えれば，応答が十分になされているかに関することです。また，話しかける相手は特定していないか，沈黙はどのように解釈されているか，さらに，話し合いは知的なレベルでなされているか，気持ちのレベルでなされているかなども重要な視点です。理屈の応酬ばかりで感情の交流がなされていないと，グループはなかなか活性化しないものです。

（3）リーダーシップのありよう

　リーダーシップは，誰かが誰かに，関係を通して，何らかの影響を与えたときに発生します。それは，グループの中で，メンバーが何らかの役割（決められたものでなく）を遂行することで生まれます。たとえば，口火を切る，話をまとめる，記録をとる，時間を告げる，他のメンバーをサポートする，緊張をほぐす，雰囲気を変えるなどの行動をすることで，メンバーやグループに影響を与え，目標達成に貢献したとすると，その時点で，その役割を果たしたメンバーが，リーダーシップを発揮したことになるのです。とすれば，メンバーなら誰でも気がついたときに，リーダーシップ行動をとることができるはずです。したがって，グループの中で，影響力の強いメンバーは誰か，そして，その影

響関係に変化はあるか。言い換えれば，誰がどのようにリーダーシップを発揮しているかを見ることができます。グループとしては，特定のメンバーが，常時リーダーシップを発揮しているのではなく，メンバーの誰もが，適時役割を果たすことで，リーダーシップが移り変わっていくほうが，成熟していると言えます。

（4）グループの規範（ノーム）

グループの中に働いている，決まりや約束事を言います。規範の代表的なものは規則やルールです。それは表に出ているので誰でも分かります。問題は隠れた規範です。つまり，暗黙のうちにメンバーを支配している，あるいは，メンバーが認めている約束事のことです。たとえば，発言の順番が暗黙のうちに決まっている，感情を表に出してはいけないと思い込んでいることなどです。問題は，どのような規範がグループを支配し，それを強化しているのは誰か。そして，それが目標達成にどのような影響を与えているかということです。

（5）集団意思決定の型

グループは意思決定の連続体であると言えます。いつも，何かを決定し実行しているからです。それだけに，どのような意思決定の仕方をしているかは重要なことです。方法としては，暗黙の了解（無反応の決定），個人による決定（地位，権限をもった人や熟練者），少数者による決定，多数決（討議なし，討議あり），コンセンサスによる決定，全会一致があります。決定内容，参加するメンバー，与えられた時間，またメンバーの満足度への配慮などによって，いずれの方法をとるかが決められねばなりません。また，組織の中では，意思決定がいつ，どこで，誰によってなされたかについて，メンバーに共有化されていることが，重要であると思います。一方的に決定した結果のみが流されることが多いので，勤労意欲の低下をもたらすことがあります。

（6）グループの目標

グループには必ず目標がありますが，それがメンバーに明らかになっているかどうかに関することです。目標の明確化で，目標は誰が見ても，誤解されないよう明確に表現されていなければなりません。文章化されていることが求められます。さらに重要なことは，目標が文章化され明確になっていても，メンバーが同じように理解しているかどうかが問題です。人それぞれで，同じ文章を見てもさまざまな理解の仕方があるものです。目標が共有化されていないと，課題達成に障害をもたらします。また，大きい目標だけでなく，今グループが何をしようとしているのか，目前の目標に関しても同じことが言えます。要注意です。

（7）時間管理に関すること

時間は有限ですから，私たちは，常に時間を意識しなくてはなりません。しかし，現実には，目の前の仕事に熱中してしまって，つい時間のことを忘れていることがあります。それだけに，メンバーに時間に関する意識が見られるかどうか，そして，それはどのように行動に移しているか，あるいは，誰がどのように時間を管理しているかなどに注目することが求められます。

（8）仕事の手順化（組織化）

目標達成に向けて，どのような手続きや手順がとられているか，あるいは，無計画に仕事がすすめられ，それは目標の達成にどのような影響をもたらしているかに関することです。

（9）グループの雰囲気

グループが動き出すと，それぞれに特有の雰囲気が自然に生まれてくるものです。とすると，その雰囲気がグループの目標達成にどのような影響を与えているか，また，主に誰によって，その雰囲気がつくり出されているか，などを考えなくてはなりません。普通，友好的な雰囲気を良いとする風潮がありますが，その傾向がな

れなれしさを生み出していたとすると，目標達成に障害になるかもしれません。もし障害になると判断すれば，ある種の緊張を与えることが必要になります。雰囲気を表す言葉の例をいくつか挙げてみます。開放的，閉鎖的，温かい，冷たい，クール，友好的，対立的，挑発的，あいまい，なれあい，緊張，防衛的，支持的，拒否的，援助的など。

■グループへの介入について

　介入とは，個人，グループや組織の目標達成を援助するために，それらにかかわっていくことです。いろいろなかかわり方があるのは当然ですが，ここではグループの成長のためのかかわり方について述べましょう。"チームづくり"への介入とも言います。ここでは，「診断結果のフィードバック」と「プログラム提供による介入」を考えます。

①診断結果のフィードバック

　前述したグループ・プロセスの諸要素（グループをみる視点）に関して，データを集め分析した結果を，グループに知らせることです。普通，グループ活動の観察，グループメンバーへの面接とアンケートの3つの方法をとります。

・グループ活動の観察

　対象とするグループ（もちろん自分がメンバーとして活躍しているグループも）が，日常活動をしている場面を観察して，データを集めてもよいし，体験学習のエクササイズのような活動（グループワーク）をしてもらって，観察しても良いのです。いずれにしても前述したグループの諸要素に沿って（全項目を網羅する必要はありません），できるだけ具体的なデータを集めるのが良いでしょう。そして，集めたデータが意味するところを考えます（つまり，分析することです）。最終的には文章化すると良いでしょう。

・グループメンバーへの面接

　グループの現状について，メンバーがどのように考えているか，個人的に面接して，その思いを聞き出すことです。観察したデータを実証することができるし，補足することもできるでしょう。相手が本音を言えるような面接が求められます。

・グループメンバーへのアンケート

　グループの現状について，あらかじめ質問紙を用意しておき，メンバーに記入してもらうことでデータを集めます。メンバー全員にいっせいに実施できる利点があります。

　これら3つを実施して得られたデータを，関連づけ総合的に分析判断して，グループに返します。そのことをフィードバックする（p.41）と言います。必ずデータに基づいて返すことが必要であり，診断者の考えを伝えるときは，その旨を断ることが大切です。

②プログラムの提供実施

　現実的には①の診断結果のフィードバックのみで介入する場合が多いと思います。それで終わってもよいと思いますが，今一歩，介入を深めようとすれば，グループの現状について気づいてもらうようなプログラムを提供する，あるいは，診断結果に基づいてのグループの問題点を，活動を通して解決することができるような活動プログラムを，提供することも可能です。これには，専門的なスキルが必要になるので，誰でもすぐにという訳にはいきませんが。

　このようなスキル（診断と介入）をグループスキルと言います。つまり，グループ・プロセスに意識的に目を向け，グループの成長に向けて，そのグループに介入していく能力のことです。私たちは，普段の生活の中で，グループの中でうまく過ごしていく術をそれぞれなりに持っていますが，より意識的にグループに関わっていくことができたらもっと良いのではないでしょうか。そのためには，いずれにしても，まず，グループをみる視点について学習しておき，身近なグループで観察してみることです。そして，必要に応じて，その場で見えたことをフィードバックしてみると良いでしょう。おのずとグループスキルが磨かれていくと思います。

課題解決型の

エクササイズ『フォロワーシップを学べ』

　このエクササイズは，リーダーを支える行動（考え方）のフォロワーシップを課題に含み，グループで課題解決に取り組むものです。

　このエクササイズは，実習「あの人，どんなリーダー？」（林，2014）を参考に私が作成したものです。グループの人数は5〜6人程度で，グループ数はいくつでも同時に実施できます。どのような時期でも活用できるので，職場などの仲間を集めて試みてください。

▶このエクササイズで学習できること

　このエクササイズに登場するのは，「フォロワー」としての姿勢をもつ複数の人物です。グループに与えられた情報カードにある内容をもとに，課題解決に向けて話し合います。「フォロワー」，「フォロワーシップ」は，使い慣れない言葉かもしれませんが，それも考えながらつぎのことを学びます。

○フォロワーとフォロワーシップの考え方を知ることができます。

○グループづくりのために，グループをどのような視点で見るのかを学びます。

○グループで仕事をするときに，自分や他者の態度や行動の仕方，そして，その役割行動がメンバーやグループの課題達成に与える影響などに気づくことができます。

▶このエクササイズをするために準備するもの

　以下のものをあらかじめ用意してから，エクササイズを進めてください。

・「課題とルール」（p.123）は全員に配布する，または模造紙などに書いておきます。

・「情報カード」（p.124）は，拡大コピーして線に沿って切り取ります。

・「プロセスシート」（p.125）をグループの人数分。

・5章末の「ルーブリック」（メンバーの役割行動・フィードバック用　p.105〜106）※観察者を置く場合

・「正解図」（p.131）は，グループ数分の枚数を拡大コピーしておきます。

・模造紙。

・カラーマジックのセット，または黒・赤・青を用意します。

▶エクササイズのすすめ方

　このエクササイズは，導入（5分），課題とルールの提示（5分），エクササイズの実施（30分），結果発表（10分），ふりかえり・わかちあい（20分），コメント・小講義（10分）の時間を目安に，つぎのようにすすめていきます。

　5〜6人程度のグループをつくり（参加者：会場1つに収まる人数），各グループではリーダー（※と観察者）を1人決めます。自薦・他薦など決め方は自由です。

　リーダーになった人は，このグループ活動で，どのように自分が課題達成に向けて動いたらよいのかを考えましょう。なお，リーダーを決めましたが「フォロワーシップ」や「メンバーの役割行動」についても学習するので，それぞれのメンバーは，リーダーや他のメンバーとの関わりを気にしながら取り組みましょう。

1．エクササイズの準備と課題・ルールの提示

1）机に模造紙を広げて，その周りにグループ

全員がお互いの表情がよく見えるように座りましょう。課題とルールは，全員で読んで，ルールはしっかり頭に入れてください。

2）全員が課題とルールを確認したところで，リーダーは各メンバーにトランプを配る要領で情報カードをほぼ同じ枚数になるように配ってください。

2．エクササイズの実施
1）リーダーの号令で課題達成に向けてグループ活動を開始します。
2）決められた活動時間（30分）がきたら，グループ活動を終了します（場合によっては3分程度の時間延長も考慮します）。

3．結果発表と正解発表
1）グループが複数あるときは全体に向けて各グループの答えを発表し合います。
2）グループごとに章末の正解図（p.131）と比べてみましょう。

4．エクササイズのふりかえり
1）全員が「プロセスシート」（p.125）に項目に従って記入します。
2）今のグループ活動の中で気づいたこと，感じたことなどには正解はありませんので，自分が思いついた言葉で書きましょう。

3）全員が書き終わったら，リーダーが進行役となってグループ内発表を行います。発表方法は，全メンバーが順番で項目ごとの思ったこと（記入したこと）をマネージャが一巡の最後尾なるよう順に発表していきます。
4）※この"わかちあい"で観察者をおいた場合，メンバーの役割行動（ルーブリック）を活用してフィードバックしていきます。
5）メンバー全員の読み上げが終わったらしばらく自由な話し合いをします。
6）グループが複数あれば，各グループからわかちあいの話題を発表し合います。

5．コメント・小講義
　上記までの取り組みを終えたら，関連する「コメント」や「小講義」を読んで学習をすすめてください。なお，この章に掲載しなかった「小講義」を紹介しますので今後の参考にするとよいでしょう。

・小講義「リーダーシップはあなた（みんな）のもの」星野欣生（著）『職場の人間関係づくりトレーニング』（2007，金子書房）
・小講義「成熟したグループの特徴」星野欣生（著）『職場の人間関係づくりトレーニング』（2007，金子書房）
・小講義「働きかけるとは」津村俊充・星野欣生（編）『実践　人間関係づくりファシリテーション』（2013，金子書房）

『フォロワーシップを学べ』課題とルール

グループの課題

　ある博覧会の開催期間中にＡプロデューサー（マネージャ）が主宰するパビリオン全体の緊急会合が始まりました。しかし，それぞれのリーダーの状況がさまざまで今後の混乱を招く恐れがあります。

　あなたがたのグループはメンバー全員が協力して，パビリオンで起きている課題を解決してください。

　わかっている情報は，30枚のカードに記載されています。

ルール

１．配られた各自のもつ情報は，口頭で伝えてください。

２．他のメンバーの持っている情報カードを見たり，自分の情報カードを他のメンバーに渡したり，見せたりしないでください。

３．情報をメンバー全員が見えるように模造紙にそのまま書き写すことはしないでください。ただし，模造紙には，絵や単語をメモしたり，図示したりして，グループの活動に有効に活用してください。

時間

　スタートの合図から30分で作業を打ち切ります。

『フォロワーシップを学べ』情報カード

主宰者の負担軽減をねらう岡田さんは、大野さんの左斜め前の席です。	ディレクターの岡田さんは、フォロワーにふりかえりを呼びかけています。	教員をしている人の右側の人は、主宰者の責任を引き継ぐ意思を示しています。
リーダーたち6人の職業と役割は、それぞれ異なっています。	制作物の担当リーダーの左斜め前が、創造的な判断力が必要な企画担当のリーダーです。	企画担当の人は、会計担当の異議申し立てが時間の浪費だと話しています。
リーダー初体験の徳田さんは、自分の責任で異議を申し立てました。	企画担当リーダーの隣席は、創造的な判断で自分の行動に責任をもつ人です。	主催者の右側の人が、立ち去る勇気で異議を申し立てた徳田さんです。
あなた方の課題の1つは、相応しくないフォロワーが誰なのか？ を決めることです。	花屋を営む人の右側は、ビジョンの実現を支える広報担当のリーダーです。	看護師をしている人は、主宰者への貢献をねらう大野さんです。
企画担当の人の右斜め前が、異議申し立てを受け止める川口さんです。	主宰者の負担軽減をねらう人の右隣の人は、制作物を管理するリーダーです。	制作物の管理を確実に実行するリーダーが、自分を活かす機会もねらう川口さんです。
リーダーとメンバーのために必要なのが、フォロワーの創造的な判断力です。	この会合の主宰者は、風土改革をビジョンにするAプロデューサーです。	正六角形の机を囲む均等に配置された席に、それぞれの氏名、役割とねらいが4つまたは5つ表示されます。
ビジョンの実現を支えている人の正面席は、風土改革のフォロー役です。	会計担当のリーダーは、風土改革の停滞を気にする人の左斜め前の人です。	主宰者の正面席の人は、創造的な判断力で、風土改革の停滞を気にしています。
リーダー初体験の人の隣の席は、安定を求める三田さんです。	主催者の隣の大野さんは、重要なことを進んで教えるリーダーです。	看護師の左右のリーダーは、創造的な判断力で異議を受け止めます。
自分で花屋を営む人の正面は、リーダーが初めての人の席です。	企画担当の人の正面席は、有言実行する看護師です。	制作物を管理するリーダーの正面は、ベテラン事務員の席です。
主宰者への貢献をねらう人の左斜め前は、会社員です。	主宰者の右斜め前の人は、効率的な話し合いをねらう教員です。	時間の浪費を気にするリーダーの正面は、仕事を有言実行する大野さんの席です。

『フォロワーシップを学べ』プロセスシート

エクササイズ（グループ活動）のふりかえり

1. あなたは，今の活動にどれくらい参加できましたか。
（どのような点で）

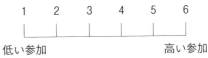

2. グループのメンバーは，全体として，どれくらい参加していたと思いますか。
（どのような点で）

3. あなたは，どれくらい言いたいことが言えましたか。
（どのような点で）

4. グループのメンバーは，お互いにどれくらい聴き合えていたと思いますか。
（どのような点で）

5. あなた（またはリーダー）に影響を与えたのは，誰の，どのような言動でしたか。
（誰の）　　　　　　　（どのような言動が）

6. チームに影響を与えたのは，誰の（あなたも含めて），どのような言動でしたか。
（誰の）　　　　　　　（どのような言動が）

7. 情報はどのように扱われ，それは課題達成にどのような影響を与えましたか。

8. リーダーまたはグループの状況を言葉で表してみると，
（　　　　　　　）（　　　　　　　　）（　　　　　　　）

9. その他，気づいたこと，感じたことを自由に書いてください。

コメント

　あなたのグループは，時間内に正解を出すことができましたか。情報カードを用いるこのエクササイズは簡単なようで，ルールもあって案外難しく感じた人もいたことでしょう。また，プロセスをふりかえる中でも，グループが共通目標の達成に向けて活動するときに起こるさまざまなことに気づいたと思います。プロセスシートに沿って考えてみましょう。

1）メンバーの参加度についてはどうだったでしょうか。全員が同じように参加していなかったかもしれません。私たちは，このような場合，全員が平等に参加するべきだと思いがちですが，必ずしもそうではないので，メンバー個々の参加状態が目標達成にどのような影響を与えていたのかという視点で参加度を判断すればよいと思います。

2）メンバー相互のコミュニケーションは，主張と傾聴の度合いから考えることができます。メンバーの一人ひとりが自分の考えを十分に言えていたかどうか，それに対して他のメンバーがどのように反応していたか，受け入れられる一方で，無視されたこともあったかもしれません。無視されて黙ってしまったために，せっかくの有効な意見も消されてしまったこともあったのかもしれません。また，もっと自分が粘って主張していたら，正解を出せたかもしれないと思った人もいるでしょう。つぎの機会に活かしてほしいものです。

3）つぎは，リーダーシップに関することです。開始の合図がでるとすぐに，「さあ，どうしよう」と問いかける人だったり，「課題を誰が知っていてそれをどうするか」という仕事の手順や役割を話し合おうとする人など，まずは誰かチームに働きかける人が出てきます。このような行動がチームやメンバーに何らかの影響を与え，チームが正式に動き始める時点でチームの課題達成に貢献するリーダーシップを発揮したことになります。このように課題達成までの過程では，それぞれのメンバーがいろいろな役割行動をとることによって，チームやメンバーに影響を与え，成果を導き出す働きをします。メンバー一人ひとりが，気がついた場面で役割を果たしたことでリーダーシップを発揮したということになるのです。成熟したチームはそのような形で，個々のメンバーの持ち味が遠慮なく発揮できている特徴があります。

4）このエクササイズの場合，情報が分断されていて，しかもそれを口頭だけで伝える制限があったので不自由な状態から作業を開始しました。その制限の中でメンバーが持っている情報をどのように伝えられるのかが焦点になっています。悪気はないのですが，このような情報は必要がないと思い込んで発表しない人が稀に出てきます。実際は必要がない情報などないので，まずはチームの中にオープンにしたかどうかです。メンバー全員が情報共有できていたかによって，作業の進歩状況にも違いがでてくるものです。

5）プロセスシートでは，「グループの状況を言葉で表してみると」という問いかけがありました。これはチームの雰囲気に関することです。チームが動き出すと，メンバー相互の関係や課題の進み具合などから，チームの雰囲気が変わっていきます。最初の緊張していた雰囲気が，誰かが笑いを誘うようなことを言ったことで，場が和み，話し合いに弾みが生まれて作業が進むようなこともあります。皆さんのチームはいかがだったでしょうか。

小講義Ⅲ　職場づくりとコミュニケーション

専門化・分業化などの仕事のやり方は，職場に「協働を阻害する要因」という副作用を生じさせます。仕事のやり方が職場（組織）の中の仕事と仕事の間の壁，個人と個人の（意識の）壁を形成して生じさせた副作用が，職場のコミュニケーション不足です。また，この副作用は，他者への不信感をもつ人の割合を高める職場（組織）風土を形成し，職員の「不満」や「離職理由」となって人材不足を招きます。したがって，職場の協働性やチーム力の低下，サービスの質低下を招く事態が懸念されます。

このような事柄を組織的に放置したままだと，職場や組織の目的達成への妨げになるので，職場をつぎの次元に進化させる組織マネジメントは実現しません。新たな取り組みも，これまでのやり方で行うことも，課題の解決方法の致命的な欠陥です。まずは，改善に向けて問題を職場内で共有化して目標のレベルを曖昧なものにしないこと，問題の本質を洞察してから必要な対応策・改善策を検討する必要があります。

■職場の協働性を問う次元

職場の「課題」の多くは協働（関係）性を問うものです。その次元は，①対人間の協働，②グループ内の協働，③グループ間の協働，④組織内の協働，⑤組織間の協働，が想定できます。また，職場で働くという課題は，①〜⑤の次元において職員（個人）としての課題，職場という集団としての課題，自分と（複数の）他者が取り組む課題など，誰の課題なのか，誰が対処するのかという捉え方の次元があります。さらに，職場の構成メンバー個々人が抱える一場面としての課題であっても，職場（組織・集団）としての一場面としての課題が複雑に絡むので対処も多彩になっていきます。

■協働性を生み出す規範

職場における協働性は組織文化と関係しています。職場内のネットワークや信頼関係，コミュニケーションや規範などの組織文化は，協働性を高めるための改革が必要です。また，職場に協働的状況を創り出すためには具体的な対処も必要です。対処する課題は，仕事のやり方に対する課題と，職場内で仕事に取り組む人の意識（心理）的側面にある課題があります。特に，心理的側面に関する改革は「ともに達成することを喜びとする」ために必要な意識づくりを行う「適用を要する課題」です。そして，この意識に大きく影響しているのが「職場の規範」です。暗黙の決まりごとである「職場の規範」は，明文化されたルールや規則よりも強力で，メンバーに対して規範に沿って行動させる影響を与えています。

■自発的行動の調整と協働

複数の人々が協働する職場では，自発的行動とお互いの行動調整が必要です。それは仕事の分業化によって個人の職務範囲を明確に定めても，それぞれが担当する職務範囲の間で誰の役割にも属さない仕事が生じるからです。この場合では，お互いの業務範囲の隙間となった仕事を自発的にすること（組織における向社会行動）が必要です。つまり，職場の協働は，仕事を進めながらお互いの役割や仕事の進め方を自発的に調整することで成り立っていくものなのです。

■自発的行動はボランタリー

上記の自発的行動は，「その人が想いをもって行う」行為のボランティア活動に類似してい

る側面があると思います。ボランティア活動は，自らの意志で自分が価値を置く何かを実現するために自発的に行われるものだからです。近年は，小地域における市民のボランタリーな活動が注目されています。その背景のひとつが大規模災害（1995年の阪神・淡路大震災，2011年の東日本大震災など）です。相次いで発生した災害によって，災害支援のボランティア活動が全国に広がりました。さらに注目すべきは，ボランティア活動と共にボランティアコーディネーターの重要性が認識されたことです。

■自発的行動の調整

　ボランティアコーディネーターの働き（5機能）の中でより注目すべきことは，ボランティア活動を「つなぐ（需給調整）」，「支える（相談援助）」という2つの支援機能です。注目の理由は，「人」が担うこの機能（働き）が，自発的に行動するボランティア（人）をさまざまな活動の機会やリソースを，必要に応じて確保する行為だからです。

　「つなぐ（需給調整）」機能は，ボランティアとさまざまな社会資源やプログラムを紹介することで，ボランティアの援助を求める人の想いと，ボランティア活動を希望する人の想いを「引き出して，把握して，受け止める」という行為です。

　また，「支える（相談援助）」機能は，ボランティアと要援護者の想いを「支持・支援する」，両者を励ましてその関係がよりよいものになるように「支える」ボランティアの不安，悩み等を「支える」ことです。そして，ボランティア活動から得た喜びや感動を共に分かち合う行為でもあります。場合によっては，適切な助言で活動を円滑に，かつ継続し発展していくことを「援助促進する」という行為も担っていきます。

　私は，このボランティアコーディネーターの働きを職場の「マネージャ」の働きに，ボランティア活動を職場の「協働」に置き換えるとよいと考えています。それは，職場で協働しよう

とする人の行動に対して，「つなぐ（需給調整）」，「支える（相談援助）」機能が提供されることでさらに職場の協働が促進されると考えられるからです。

■コミュニケーションが円滑な職場

　業務に属さない（インフォーマルな）コミュニケーション問題が生じやすい職場では，対処に取り組む前の「目標達成」や職場で協働するための「組織的要因（仕事のやり方）」の本質的な把握と検討が，組織マネジメントにとっての重要課題です。

　また，職場に協同的状況を創り出すためには，仕事のやり方の改革と，仕事に取り組む人の心理的側面に対する改革の両方が必要です。特に，心理的側面の改革には，「職場の規範」を徹底的に変えようとする取り組み姿勢が問われるので，その実現に向けた運営法人の本気度が試されます。特に，良好なコミュニケーション状態の「仕組みづくり」には，「運営に関する改善・提案の場の確保」，「委員会活動等による横断的コミュニケーションの場の設置」，「職員による多様な交流の場の確保」など，職場全体の具体的取り組みが必要です。

　繰り返しますが，これらをいかに具現化するのかという，運営法人のマネジメントの本気度が試されています。今後の課題は，組織的要因（物事の成立に必要な原因）の本質的検討と「コミュニケーションが円滑な組織を目指す」ための取り組みの実践です。

　本書はその取り組みを具現化していく中で活用できるように作成されています。

■適応型の組織マネジメント

　職場の課題の多くは，組織のマネジメントがどのような対処を担うべきなのかの検討が必要な事柄です。留意点は，このタイプの異なる2つの課題（「技術的な課題」と「適応を要する課題」）を既存の思考様式のままの手段で対処しないことです（p.3参照）。そうしてしまう

と，目指す変化をより悪化させることになります。また，課題を定義するためには，新しい角度からその事柄を捉えて，これまでより明晰な分析を行って，適応型のアプローチで対処すべき課題の底流にある情緒的な要素も浮き彫りにしていくことが大切です。

■人間に着目する知性

「コミュニケーション」不足と「人間関係」の不満という職場の課題は，本質的な検討が必要なものです。ロバート・キーガン（2009 池村訳，2013）は，この種の課題への対処は知性のレベルを高めることと，思考様式を変容させる必要性を強調しています。これは，職場（組織）のコミュニケーションの問題は問題だけに目を向けるのではなく，人間側の要因に着目する知性の有無を問うものです。また，このように人の思考様式と行動習慣の変容を求める課題は，これまでの思考様式で対処してしまうと目指す変化を悪化させるので，まずは組織のマネジメントが知性を高めることが求められます。このように，職場の協働の実現に向けての課題は，職場の思考様式の変容と，職員の思考様式や行動習慣の変容を促す「取り組み」をどう実現させるのかの知性が問われるものです。

■意識改革と組織（風土）改革は違う

「意識改革」と「組織（風土）改革」は違います。まず，前者は働きかけの対象が「個人」であり，後者は「個人を取り巻く環境」という違いに注意が必要です。それぞれの違いは，「意識改革」は「しないよりもしたほうがいい」

ことですが，おおよそアプローチとしては「○×しなければならない」というように危機感をあおるものです。研修やミーティングなどの場をとおして，「意識を変えろ！」と言われても，具体的に何をどう変えればよいのかわからないということです。「組織（風土）改革」は「これではまずいなぁ，何とかしよう」と風土要因（価値観，人間関係，自発性など）を見て，それらを好転させる前向きな姿勢に行動を変化させるものです。「意識を変えたくても変えられない」という風土要因に向かう主体性を促す後者に対して，個人の意識に向かって危機感をあおる前者は，効果的なものではありません。組織（風土）改革は，「変えたくても変えられない」要因を取り除くことを考えるものです。

■職場の協働に"むきあう"ために

職場のコミュニケーションの課題は，協働を創生するために職場の各メンバーが互いの問題点に気づくこと，各メンバーがその問題を主体的・協働的に解決していくことが効果的です。また，各メンバーの認識の変化には，現状をさまざまな視点から深く考えて対話する（洞察しあう）機会や，認識や思考様式の変化が生じるような場を設ける（機能させる）必要があります。このような対処は，職場の思考様式の変容と職員の思考様式や行動習慣の変容を促す取り組みとして不可欠です。組織のマネジメントの「適応を要する課題」は，職場の協働をどのように実現していくのかが問われているといえるでしょう。

気づきの明確化シート　──協働する──

この章をとおして

1. あなたが，所属している職場（チーム，サークル，所属がない場合は身近な他者の職場を思い浮かべて）は，つぎの内容に照らしてどのようなことがいえるのでしょうか。

　　（1）目標の共有化

　　（2）情報の共有化（コミュニケーション）

　　（3）協働すること

　　（4）役割の分化と統合

　　（5）意思決定過程の共有化

　　（6）風土や規範について

2. この章の「協働する」について，あなたが気づいたこと，感じたことは。

3. チームビルディングについて，あなたが気づいたこと，感じたことは。

4. ここまでの章で，あなたが学んだと思うことは…

5. その他，感じたこと，気づいたことは…

正解図　エクササイズ『フォロワーシップを学べ』

正解図

六画形 机（中央）

三田さん 教員 企画担当
- 安定を求める人
- 風土改革のフォロー役です
- ※創造的な判断力が必要な人
- 異議は時間の浪費だと話す人
- 効率的な話し合いをねらう人

徳田さん 事務員 会計担当
- 立ち去る勇気で異議を申し立てた人
- 自分の行動に責任を持つ人
- リーダーは初体験です
- 創造的な判断力がある
- ベテランです

岡田さん 会社員 ディレクター
- ふりかえりを呼びかけている
- 主宰者の負担軽減をねらう
- 責任を引き継ぐ意志を示している
- 創造的な判断力がある
- 風土改革の停滞を気にしている

主宰者 A プロデューサー
- 異議を受け止める
- 創造的な判断力がある
- 主宰者という呼称
- 風土改革をビジョンにする人
- この会議を主宰するリーダーです

川口さん 花屋 制作物担当
- 自分を活かす機会をねらう人
- 仕事は確実に実行させている
- 創造的な判断力がある
- 異議を受け止める

大野さん 看護師 広報担当
- 有言実行する人
- ビジョンの実現を支える人
- 主宰者への貢献をねらう人
- 重要なことを進んで教える

131

7

きめる

直感や感情に支配されずに判断する

■「今でしょ!」とバイアス

テレビ CM がきっかけで，流行語大賞を受賞した，大学予備校の人気講師である林修先生の「今でしょ!」が話題になりました。この章では，この「今でしょ!」とバイアスについて考えてみることから始めましょう。

誰にも同じように心当たりのありそうな話題として，「あなたが小学生だった頃，夏休みの宿題はどうしていましたか?」について，私の経験を基に考えてみます。

■出された宿題

私は子どもの頃，夏休みに出された宿題は「休みが始まってすぐに終わらせよう」というタイプではありませんでした。宿題は子どもにとっては面倒で嫌なものです。親からも「早いうちにやったほうが後々楽になるよ」と言われました。しかし，友だちと遊びに行くのが楽しいので，ついつい遊びを優先していました（目の前の誘惑を選んでいた…）。残った宿題は，夏休みが終わる直前のギリギリに焦ってやっていたのです。これは，先延ばしをしたということです。後で詳しく説明しますが，「変化を選ぶ」よりも「何も変化しない今」を選ぶという心理状態が及ぼしたことです。私たちはどうやら，「現状維持」を好むため，「今でしょ!」と促される人が多いのかもしれません。

■頼まれ仕事

職場でつぎのような経験がありませんか? 頼まれた仕事の期日までにまだ余裕があるので「後回し（先延ばし）」にした。いざそのときになったら，何を頼まれたのか? 何を調べればよいのか? 詳しく聴いていたはずなのに，メモした場所もわからなくなっていた，というようなことです。もしかすると，頼んだ方の立場で心当たりがある人もいるかもしれません。

結論からいうと，頼まれた人の完全な失敗です。これでは仕事を頼んだ人を軽視したことになるので，全ての信頼を失うことにつながります。すぐやる人ならば，周りからの「信頼を得て高評価も得る」ことができます。つまり仕事ができる人だと思います。

このように，楽しいことや楽なことを優先して，嫌なことや面倒なことを先延ばしする「バイアス」が人の行動に大きく影響するようです。バイアスは，特定の状況で繰り返し起こる予測可能なことですから，向き合う（人前で決意して自ら目標設定する）ようにしましょう。

■仕事の評価

第 1 章では「人間が直面する課題」（p.3）を説明しましたが，私たちは日常生活（職場）でいつも課題と向き合っています。日々取り組むべき課題があって，何かが問題・壁となり，困難なこと，不安なこと，嫌なこと，あれもしたい，これもしたい，と思っています。

仕事をもつ人であれば，結果を出して達成感を得たいという欲求もあるでしょう。また，その欲求が満たされない場合には，ストレスを感じることもあります。そのストレスの原因は，ある錯覚状態にあるからだと思われます。それが「自分が努力して成し遂げたことには価値がある」という"思い込み"です。この"思い込み"をする人は，自分で自分を高く評価しているようです。努力したこと自体は確かに尊いことですが，それと結果に対する評価は別ものです。あくまでも仕事の結果は他者が評価するのであって，職場では上司（や顧客）が評価するのです。いくら自分で高く評価したところで，それは自己満足で終わってしまいます。

■バイアス

人が判断や行動するときには，事が起こる環境や状況，そのときの気分や情動など，多くの要因が意思決定に影響を与えています。同じ人でも時と場合によって，それらの要因が判断や意思決定に大きな偏りを生じさせることもあります。たとえば，なかなか転職に踏み切れない心理状態や，同じ1万円でも「失ったとき」と「得たとき」を比べると，「1万円を失ったとき」の方が大きな損を感じます。また，長期的な目標達成よりも今手に入る利益を好むことなど，いかに「人間は不合理な直感や感情に支配されている」かに驚かされます。直感は認識以上でもなく以下でもありません。「人間は効用を最大化させようと努力する」という説も誤っていたのです。これらは「バイアス（行動や思考の偏り）」と呼ばれ多種多様です。特にいくつか知っておいてほしいバイアスを紹介します。
○現状維持バイアス：あることを変えるだけで，損をする可能性よりも得をする可能性が高くなるとしても，現状を維持しようとする傾向。
○現在志向バイアス：将来的に多くの利益，または損失があると知っていても，目先の利益を選んでしまう傾向。
○自己奉仕的バイアス：成功は自分のおかげ，失敗は他者のせいというように，自分の都合のいいように判断をゆがめる傾向。
○自己中心的バイアス：他者よりも，大きな責任が自分にあるように認知する傾向。
○確証バイアス：自分がもつ仮説が真実だという強い信念をもつ傾向。
○内集団バイアス：自分が所属している集団の成員が，外集団の成員に比べ，人格や能力が優れていると評価する傾向。
○双曲割引：現在志向バイアスとは違って，別に先延ばしする気持ちがなくても，遠い将来に得られる利益の価値を低く見積もってしまうこと。

要するに私たちは，論理的，合理的なようで実はそうではありません。人はこれらのバイアスの影響（支配）の上で意思決定してしまうことを知っておきましょう。

この章のエクササイズでは，「集団の意思決定」を体験することになりますが，話し合いを進めていく中で自分や他者のバイアスや"思い込み"に気づくことがあるかもしれません。ぜひこれを契機に，自分と相手がどのような"思い込み"やバイアスをもった上で，話し合っているのか，相手を非難する以前に（一緒に働く人ならなおさら）しっかり把握することを心がけてみてほしいと思います。

さあ，この最終章"きめる"のエクササイズでは，どのようなことが体験できるのでしょうか。

集団意思決定の
エクササイズ I 『いまどきの新入社員』

このエクササイズ『いまどきの新入社員』は，職場での若い人たちの働き方（態度・思考）などを話題にして，コンセンサス法による集団の意思決定を体験して学ぶものです。

このエクササイズは個人で行うことができます。また，複数名で実施する場合には，できれば，お互いの行動や態度についてメンバー同士がフィードバックできるようになった時点で，5，6人程度のメンバーで行うと効果的に学ぶことができるでしょう。

▶ このエクササイズで学習できること

このエクササイズでは，今どきの若者たち，新入社員たちの働き方（態度）や生活スタイル（思考）をみつめ，集団意思決定を学びます。
○仕事に対する考え方の違いや価値観を見つめる機会になるでしょう。
○集団意思決定の1つとしてのコンセンサス法を学んでいきます。
○人それぞれのものの考え方や思考の特徴に気づくこと，話し合いのあり方を考えます。

▶ エクササイズのすすめ方

このエクササイズは，導入（5分），課題の提示・課題用紙の個人記入（10分），グループ一覧表の作成とコンセンサスの留意点（5分），グループ討議（30分），結果発表とふりかえり・わかちあい（30分），小講義（10分）の時間を目安に進めていきます。ここでは，5人で実施する場合を説明します。1人で実施する場合は，つぎの1.4）と3.1），4.を読んで学習してください。

1．課題の提示・課題用紙の個人記入
1）1人1枚づつ，「指示書」（p.135）と「課題用紙」（p.136）を用意（配布）してください。
2）5人が机を囲んで，お互いの表情がよく見えるようにして座ります。
3）課題用紙への記入は個人作業ですが，Off-JTや研修講座などでは，全体が同時に進んでいくように，課題表紙の各項目1つ1つを，グループの全員で読み上げて記入の仕方を理解してから進めていくと記入終了も揃うでしょう。
4）課題用紙の指示に従って，そこに書かれている言葉について自分が適切だと思う順位を決めて記入します。アンケートの結果ですからもちろん正解（p.157）はありますが，記憶にある職場での出来事などを参考にしながら決めていきましょう。このときは誰にも相談しないで自分で考えて記入してください。

2．グループ一覧表の作成とグループの話し合い
1）全員が1.を終えたら，1.2）の状態になっているか（お互いの表情がよく見えるように座る）を確認して，「グループ一覧表」（p.137）を作成します。その際には，順位づけの理由は話さずに順位と記号の読み上げに留めておきます。
2）メンバー全員が順位と記号の読み上げが終われば，「グループ一覧表」の出来上がりです。
3）つぎに「コンセンサス法による集団決定をする際の留意点」（p.138）を読んでください。ここまでは，各自がしっかりと自分の考えで決めることを大切にしてください。

4）この時点からコンセンサス法による話し合いを始めます。多数決はしないようにしてください。もし，どうしても順位が決められない，ということがあればそれでもかまいません。できるだけよく話し合って，最終的に全員が納得できるグループの結論を決定してください。時間は30分くらいを目安とします。

5）（もしグループが複数あれば）話し合いが終わってから，各グループの結論とその理由を発表し合うとよいでしょう。

3．ふりかえりとわかちあい

1）「プロセスシート」（p.139）を各自で記入してください。良い悪いは考えないで，ありのまま思ったとおり記入してみてください。

2）全員が記入し終えたら，わかちあいをします。各自が，「プロセスシート」に書いたエクササイズの中で気づいたことや感じたことを基に，ひとりずつ順番に発表していきます。お互いに自由で開放的な話し合いができるとよいでしょう。

3）グループでのわかちあいが終わったら（グループが複数あれば，各グループから，おおよその話題を発表し合うとよいでしょう），特に，このエクササイズをとおして気づいた事，学んだこと，エクササイズで起きていたこと，わかちあいで話し合われたこと，観察したことなどを，ルーブリック（フィードバック用）の記載事項に触れながら，学習のねらいも関連させてみましょう。

4．コメントと小講義

　上記までの取り組みをひととおり終えたら，このエクササイズで学んだことなどに関連する「コメント」や「小講義」を読んで学習しましょう。なお，この章に掲載していない「小講義」はつぎのとおりです。必要に応じて参考にしてください。

・小講義「価値観が人間関係に落としている光と影」星野欣生（著）『人間関係づくりトレーニング』（2003，金子書房）
・小講義「コンセンサス法と人間関係づくり」星野欣生（著）『職場の人間関係づくりトレーニング』（2007，金子書房）
・小講義「変化や成長を支える安全・安心な場」津村俊充・星野欣生（編）『実践　人間関係づくりファシリテーション』（2013，金子書房）

エクササイズ『いまどきの新入社員』指示書

■状況とグループの課題

　日本経済新聞社が，調査会社マクロミルを通じて全国の30〜59歳の会社員・公務員の男女を対象に「困らせられたり，腹が立った新人」についてのアンケート調査を行いました（有効回答者数1,030人，2008年2月中旬）。この結果の第10位までを，大学の構内に掲示することになっています。

　あなたがたのグループの課題は，上位10位までのうち空欄の記述内容を検討して，調査結果と同じ内容を決めて発表することです。

■すすめ方

・課題用紙（個人記入用）の記入後は，メンバーの一覧表を全員がそれぞれ順位の記号を読みあげて完成させます。
・リーダーを決めないように話し合いをすすめます。制限時間は30分です。
・多数決では決めずに，コンセンサス法による意思決定で理由を示してください。

『いまどきの新入社員』課題用紙（個人記入用）

　あなたが，アンケート結果の（1）から（5）それぞれに最も適切だと思う項目を，A. から H. の8項目の記述から選び，グループ討議で決めたことを発表してください。自分の決定理由は余白にメモしておくと，話し合いの役に立つでしょう。

「困らせられたり，腹が立った新人」についてのアンケート結果

第1位　519票
　　　　あいさつがきちんとできない

第2位　432票
　　　　　　　　　　（1）

第3位　409票
　　　　敬語が使えない

第4位　300票
　　　　　　　　　　（2）

第5位　297票
　　　　　　　　　　（3）

第6位　282票
　　　　同じ間違いを繰り返す

第7位　267票
　　　　　　　　　　（4）

第8位　257票
　　　　自分のミスを謝らない

第9位　220票
　　　　　　　　　　（5）

第10位　219票
　　　　プライドが高く，知ったかぶり

【上記（1）…（5）に適切な項目を，以下のA. …H. の中から選ぶ】

A. 好き嫌いで物事を判断し，露骨に態度に表す

B. 雑用を率先してやろうとしない

C. 注意すると「逆ギレ」する

D. ホウレンソウ（報告・連絡・相談）ができない

E. 「指示待ち」で自分から積極的に動こうとしない

F. メモを取らず，同じ事を何度も聞く

G. 仕事中に携帯電話ばかり気にしている

H. 返事ができない

「いまどきの新入社員」グループ一覧表

項　　目　＼　メンバーの名前						グループの決定
A. 好き嫌いで物事を判断し、露骨に態度に表す						
B. 雑用を率先してやろうとしない						
C. 注意すると「逆ギレ」する						
D. ホウレンソウ（報告・連絡・相談）ができない						
E. 「指示待ち」で自分から積極的に動こうとしない						
F. メモを取らず、同じ事を何度も聞く						
G. 仕事中に携帯電話ばかり気にしている						
H. 返事ができない						

〈手順〉

1. メンバーの欄に自分の名前を記入して、自分が選んだ記号を記入します。
2. 各メンバーが1人ずつ、名前と自分が選んだ記号を順に発表します。
3. メンバー全員が発表を終えたら、メンバー全員の一覧表の完成です。
4. 司会者は決めずに、全員が納得できるまで討議して決定しましょう。

コンセンサス法による集団決定をする際の留意点

　今の時点で記入した決定は，あなた自身のもの（決定）です。納得できない限り，変えないで下さい。

　これから，コンセンサス（全員の合意）法による集団決定をします。コンセンサス法は集団で意思決定するときの１つの方法で，１つ１つ決定する事柄に全員が合意することが求められます。つまり，グループの各メンバーが納得して，はじめてグループの決定となるわけです。

　コンセンサスはもちろん容易ではありません。なかなか難しい話し合い方かもしれませんが，それだけによく話し合えばコンセンサスを得ることができるかもしれません。

　以下に，いくつかの留意点（心得）を述べます。

1．全員が納得できるまで十分話し合って下さい。そのためには，自分の考えを主張することが大切ですが，それだけでなく他のメンバーの考えに耳を傾けることもとても大切です。

2．自分の考えに固執して論争（あげつらい）はしないでください。

3．「多数決」や「取り引き」といった「葛藤をなくす方法」はしないでください。また，少数意見は，話し合いの邪魔になるのではなく，お互いの考え方の幅を広げてくれるものでむしろ歓迎されるべきことです。

4．話の中身だけでなく，話している人の気持ちやグループの様子などにも目を向けてください。

5．決定するためには誰かが妥協しなければならないのですが，安易に結論を急ぐような妥協はしないでください。十分納得してから譲りましょう。

『いまどきの新入社員』プロセスシート

エクササイズをふりかえりましょう。
自分の言葉で，感じたままを自由に記入してください。

1．あなたは，どれくらい自分の考えを言えましたか。
　　（どの点で，どのように）

2．グループは，どれくらい聴き合えていましたか。
　　（どの点で，どのように）

3．グループのコンセンサスは，どの程度できたと思いますか。
　　（どの点で，どのように…etc.，自由に）

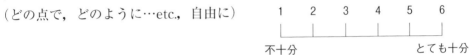

4．多数決と比較して，コンセンサス法についてどのように思いましたか。

5．話し合いの中で，印象に残っていることを記入してください。
　　（誰が）　　　　（どのような役割や言動）　　　　（どのような影響を与えたか）

6．自分の考え方の特徴や，メンバーの考え方の特徴で気づいたことは。

7．その他，あなたが気づいたこと，感じたことなどを自由に記入してください。

コメント

■話題に出てきた若者たちの件

　エクササイズでの話し合いの結果はいかがだったでしょうか？　もしかすると，話し合ったような若者が身近にいる場合には，経験談を伝え合った人もいたかもしれません。特に，「近頃の若者は…」というように若者の上司だったという人から，直属の部下だった若者との実際の場面を，具体的に思い出しながら話題を出されると説得力も増してきます。話し合いの方向がそちらに傾いていくことも起こっていたかもしれません。私が知る限りほとんどの若者は自分を基準に物事を捉えています。しばしば，若者側の立場から話し合いが行われたとしても，具体的な事実に基づく年長者の意見が出されてしまうと，そのままの流れで結論が決まったグループもあったのではないでしょうか。

　このエクササイズでは「人の価値観はそれぞれ違うのだ」という前提に立って話し合うのか，あるいは「みんな自分と同じ価値観だ」とバイアスから捉えるのかによって，若者たちを見る度合いも大きく違ってくるように思います。このような集団の意思決定で起きることについては，多様な見方があるので後述する小講義も読んでください。

　ここでは，別の視点から考えてみてはどうでしょうか。たとえば，若者の物事を捉える基準を100％とした場合では，上司はこの若者（部下）に比べて，当然経験が多いので120％のレベルから話しますから，若者自身の基準との間に20％の差が生じてきます。しかし，この20％の差は，若者にはこれまでに経験がない差であるために，仕事や態度に関わる情報が正確に伝えられたとしても内容の意味・解釈が追いついていかないという差になることも考えられます。若者たちは上司や先輩たちとの関係において，常にこのような差（解釈が追いつかない）や領域があることを知っていると，ストレスを上手に転化していく“思考のクセ”をつけることができるでしょう。

■若者の名誉のために（大人たちの理解を仰ぐ）

　昔から言われていた「近頃の若者は…」の話題について，もう少し。

　柳田國男の著書（柳田國男　1990『柳田國男全集17』筑摩書房）には，つぎのように書かれています。

　「先年日本に来られた英国のセイス老教授から自分は聴いた。かつて埃及（エジプト）の古跡発掘において，中期王朝の一書役の手録（かきやく）が出てきた。今からざっと四千年前とかのものである。その一節を訳してみると，こんな意味のことが書いてあった。曰（いわ）くこのごろの若い者は才智にまかせて，軽佻（けいちょう）の風を悦（よろこ）び，古人の質実剛健なる流儀を，ないがしろにするのは歎かわしいことだと云々と，これと全然同じ事を四千年後の先輩もまだ言っているのである。」

　この文章に目を通してみると，私たちと同じように四千年前の先人たちも「今の時代の若者たちは，昔と違って…」というように捉えていたことがわかります。いかがでしょうか，やはり，私たちが普段行っている話し合いでも，私たちはバイアス・先入観をもっていて，あたかも今，目の前で起きていることが現代特有の不可思議なことで，昔とは大きく異なっているかのように語っていたことがわかるでしょう。

小講義Ⅰ　集団の意思決定の特徴

　意識しているかどうかは別として，私たちは日常でいろいろな事を決めています。朝は何時に起きるのか，今日は何をするのか，「おはよう」の声を誰にかけるのか，間違った説明に気づいて会議中に指摘するかどうかなど，個人であれ集団であれ，何かをするための何かを毎日決めているといえます。特に，いろいろな集団に属している人は，その集団ごとのさまざまな決め方に，しばし面食らうこともあるようです。

　ここで説明する意思決定のいくつかの方法は，どのような集団でも活用されているものです。しかし残念なことに，民主主義とはいいつつもその方法を用いる意義や，集団内でどのようなことが起こるのかなど，恣意的に用いられる感があれば危険を感じます。

■意思決定の種類と特徴

1）反応のない決定

　提案に誰からも反応がなく，何となくそのまま決めること。または，提案したことに反応がないままどんどんつぎの提案が出されて，無視されて（沈黙は同意されない意味となる）別の何かに決まること。これは，たいていの集団で起きているようです。

2）特定の個人（権威）による決定

　権限をもつ特定の人によって決めること。代表的なものは，社長などの地位による決定です。また，議長や他の権威ある人によって決定が下されること。この場合，議長が十分にメンバーの声に耳を傾けて，決定のよりどころとする適切な情報を選択できるかどうかにかかります。

3）少人数の者による決定

　集団の中の特定の数人が支配して決めること。2，3人が行動を起こすための戦術を使った結果，決定事項とみなされ（多数の同意があるかのように）決めること（沈黙は同意である意味の落とし穴になる）。集団で最も多く見られ，最も危険で相応しないやり方に使われる懸念もあります。

4）多数決による決定

　身近な意思決定の代表で，多数の方の意見を尊重して決めること。政治のシステムに活用されているので，表面的には全く健全に見える方法としてどのような集団にでも適応できると誤解されています。参加者の多数を尊重して決めるので，その誤解からどうしても少数の反対者が放置されます。もしくは，少数者のその後は，しかたがなく多数者と活動を共にする消極的な姿勢になります。

5）コンセンサス法による決定

　全員の合意によって決めること。身近であまり活用されることがないのでなじみの少ない方法です。合意することは，必ずしも意見が一致しているという意味ではありません。意見が違っていても納得して合意するので相手の意見に添うようになります。

6）全会一致による決定

　参加者全員の意見が本当の意味で1つになって決めること。コンセンサスとは大きく異なって全員が同じ考えになることですから，非現実的ともいえますが，事柄によっては可能なこともあるかもしれません。

　以上，まとめてみましたが，1）と3）は適切な方法ではないと思います。そして，一長一短なのかもしれませんが，その他は状況によっては有効だと思います。状況とは，決定事項，人（決定・実行），時間のことです。したがって，どの方法が適切なのかという判断がとても大切になると思います。

小講義Ⅱ　集団の意思決定と職場の活性化

　職場の活性化のキーワードは「変化」です。これは，メンバー全員が「今のままでいたい」と思っている職場の「変化」は期待できないことを強調する意味があります。この「変化」に対するメンバーの「抵抗」は手強いもので，ニュートン物理学の解釈からも説明できます。「慣性の法則」は「静止，あるいは一様な直線運動をする物体は，他の力の作用がない限りその状態を持続する」というものです。この「法則」のように拘束力が強いほど，職場の活性化と成長の「抵抗」になることがわかります。

　まず，職場の活性化の実現には「集団規範」を変えてメンバーが意識を変えやすくします。理由は，「集団規範」がメンバーの行動や考え方に大きな影響力があるからです。したがって，重要な課題は，「集団規範」の改善・強化の方法と実行することです。

■職場の規範づくり

　職場の規範としての「集団規範」づくりでは，「基準の明確化」とメンバー全員が「望ましい」と受け入れることが重要です。規範を機能させるためには，①自分たちの規範の現状を知る，②メンバー全員が規範の現状を意識する，③望ましい規範を創る具体的方法を考える，④考えた方法を実行に移す，というステップで進めます。このステップの中で，適度な「危機意識」，「競争意識」，「向上意欲」を促すと，職場の活性化を導く「変化」が生じてくるでしょう。

■職場の改革と集団決定

　職場の事故防止には，「集団決定」を用います。特に，職場の問題解決や活性化を目指すさまざまな目標を円滑に達成するためには，「集団決定」が大きな効果を発揮します。この「集団決定」ではグループ討議と自己決定を組み合わせていきます。そうすることが，人の態度や行動を変える有効な手段となるからです。そのための最も重要な条件が，職場の全員が「意思決定」に積極的に参加できるようにすることです。

　このような話し合いを活性化する重要な役割にあるのが職場のマネージャです。具体的にはまず，メンバーが「意思決定」に参加する目的を明確にします。さらに，メンバーが「自ら進んで発言する」ように働きかけること，メンバーの「意見を引き出す」，「批判的な意見も受け入れる」ことなどを確実に実行することもマネージャの重要な役割です。

■集団決定の重要ポイント

　「集団決定」の前提は，メンバーが議論に本気で参加できることです。これは，「集団決定における自己決定が，人の行動や態度の改善にも重要な役割を果たす」からです。重要なポイントは，「単なる話し合い」ではなく，集団討議した後の「自己決定を行う」ことです。メンバー自らの意思で新しい行動実践を決めること，仲間たちの面前で「決意表明」した自己決定こそが集団決定の重要なポイントです。

　さらに重要なことがあります。それは，決定したことが確実に職場で実行・達成できることです。これができるためには，一人ひとりのメンバーの状況が活かされる必要があります。しかし，人の態度や行動は，それほど簡単には変わりません。したがって，人の行動や習慣を変えるための働きかけは，集団決定と自己決定が蔑（ないがし）ろにならないように何度も繰り返すことが重要です。

■認知的不協和

人はこれまでの「信念や考え方」に対する新たな「矛盾（事実）」に直面したときにストレスを感じることがあります（認知的不協和）。この自分の中に発生した矛盾（不快感）の解決のために，私たちは自分本位で納得する答えを探して全てを正当化しようとします。しかし，複数の人が話し合うこと（合議）で何かを決める場合つぎの状況が生まれます。

■集団内の利害と対立（集団の極性化）

複数の人が話し合うこと（合議）で何かを決める「集団の意思決定」は，参加する人同士の（直接的な相互作用を前提に）合意を形成していきます。そのため，個人が決定するものとは結果が異なるし，投票などによる集合的決定とも違ってきます。

また，このような話し合い（合議）で何かを決めること（集団による問題解決や意思決定）は，必ずしもうまくいかない（正しくない）という数多くの事例報告があります。

集団による意思決定では，当初の個人の判断や行動傾向，感情などが，集団で討議する（さまざまな視点から議論を繰り返す）中で，極端な方向に強くなる現象が生じます（集団極性化）。これは，「1人で意思決定を行うときよりも，集団で行うときの方がリスクの高いものになる」または，「より安全性が高く無難な意思決定になる」という正反対の決定が出ることになります。

この「集団極性化」が生じる理由にはつぎの3つが考えられています。

1. 集団討議では，多数派の意見がより多く聞こえてくるので，結局当初の立場を互いに支持，補強し合うことになるもの。

2. 他のメンバーに対して，より好ましい自分像を示していたい願望があるので，他者と比較して「人より極端で強い意見を出すことを避ける」ためのもの。

3. 集団討議で，集団への自己同一視が芽生えて，それぞれが自ら集団の一員として残れるように「その場の代表的意見に同調する」ためのもの。

■葛藤や偏見を生む動機

人は一般的に，他者と自分を比較して自分自身を理解（評価）しています。しかし，自分が所属する集団を内集団（うちわ）として強く意識するようになると，内集団（うちわ）を外集団より高く評価して相互の違い（特徴）を明確にする動機をもつことがあります。こうした集団同士の社会的な比較によって，差別や内集団びいきが起こされて，人種差別などの葛藤や偏見を生み出すと考えられています。これは，集団同士の行動を個人の認知的・動機的概念によって捉える特徴があるとされています（自己カテゴリー化理論）。

いずれにしても，「一般的な話し合い（集団討議）で決められたことが，必ずしも妥当で公な結論であるとは限らない」こと，「集団思考」や個人の「バイアス」（p.133）の傾向（影響）があることを参考までに知っておくとよいと思います。

■集団思考

集団による意思決定の質は，必ずしも個人の決定の質に勝るわけではありません。これは，集団内には「同意したい。対決を避けたい」という欲求のために話し合いの停滞が起こるからです。話し合う素振りをしながら，他者の様子をうかがったり，多数意見はどうなのかを見極めようとしたりするのと同時に，反対したらどうなるのか損得計算しているのです。問題は，自分以外の皆が同じことをしていることです。この傾向に陥ると集団討議の質が低下します。実際に，ベトナム戦争の泥沼化やケネディ大統領のキューバ侵攻，スペースシャトル爆発事故直前の打ち上げの決定過程など，歴史的に重大な事実からも確認されています。

このような傾向は，リーダーシップの問題や外部から受けるストレスがより促進させると考えられています。また，この「集団思考」は，凝集性の高い集団に多く見られることや，「全員の一致を求める」規範の場合，「より重要な決定を行う」際に，「誤った選択肢に固執する者がいる」など，他の要因が重なるときに生み出されるので要注意です。

■情報不可による思考停止と後悔回避（心理状態）

人は「白か，黒か」のような比較的単純に答えを出すことが得意なようです。しかし，判断するために把握しなければならない要因が多いほど，頭の中で情報処理が難しくなって，考えるのが面倒になり人に頼りたくなるときがあります。

たとえば，とても深い悩みができると「占い師に見てもらいたい」と思う心理状態です。また，上手くいかなかった場合に「後悔したくない」と思うこともあります。これは，ごく自然なことなのですが，自分が失敗したことを「自分のせいにしたくない」というものです。つまり，人は意思決定にあたって「後悔したくない」と思う生きものなのです。ですから，占い師に聞いて信じることがありますし，仮に当たらなかったとしても自分の責任ではなく間違っていた"あの人"のせいにします。しかし，これではダメです。自分自身で考えて考え抜いて成長していくことが大切です。

■組織内の関係を再構築する（障壁の解消へ）

どれほど集団として「チーム」の知性を高めたいと望んでも，組織内の人間関係によって阻まれることが多いようです。そこで，「権限を共有化する」組織内の人がお互いに「親密になる」こと，という2つのポイントから実際に取り組むことで，希望に近づいていくように考えてみましょう。

■「権限」の共有化

「権限」は，上司の能力として命令や意思決定を行うために行使されてきました。また，「権限」をもつマネージャは，メンバーが担う仕事の指示が出せるので，重要な決定事項の「発案」義務があるとみなされてきました。しかし，新しい組織感では，マネージャは結果に対する「共同責任」がある者として「権限」が共有化されるようになっています（もし「権限」の共有化がなければ意思決定までの過程や提案行為も共有できないことになるからです）。その場合，意思決定を協働する場合もあれば，そうでない場合もあります。

たとえば，「難しい決定は誰が行うのか？」を考えてみましょう。これまでは，難しい決定はリスク（解雇や減給・降格）も含まれるためメンバーが関わることはなく，意思決定には参加できないと捉えられていました（メンタルモデル）。しかし，難しい意思決定は多くのメンバーにも影響を及ぼす重要なものです。そうであるならなおさら，影響を受ける人や責任を負う人の参画を求める必要があります。したがって，決定事項がもつ長期的な意味合いが正しく認識されていれば，誰かの個人的利益（意向）がプロセスを支配するようなことが起こらなくなります。また，意思決定者はできるかぎり正確で完全な情報共有に努めるので，誠実さをメンバーにもたせることにもなります。つまり，職場や組織が「権限の共有化」への動きを始めると，難しい状況で行う"難しい決断"を支援する「親密さ」の風潮も生じやすくなります。

■職場の人間関係の「親密さ」

「信頼」の欠如がうかがえる職場が多くみられますが，それは信頼が欠如しているから「親密さ」が生まれないのではなく，「親密さ」の欠如から生じた症状です。職場内の人間関係の「親密さ」は，メンバーがお互いの立場や役職・役割という仮面の裏側の顔（本質・特徴な

ど）を知るために，本気で向き合う相互努力に
よって築かれていきます。

　親密な関係が築かれたチームのメンバーであ
れば，お互いの傾向や好みをよく知っています。
このようなメンバーたちは，自分たちが何を考
え，何を信じているのか，どのようになりた
がっているのかのオープンな語り合いができる
ので，「探求と主張のバランスを保つ」ことに
も長けています。また，人間関係が親密なチー
ムのリーダーは，自分の地位に見合う以上の忠
誠心をメンバーから得ていて，離職率も低下す
る（大切に扱われていると感じるメンバーたち
は，その職場に留まることが多い）ことを知っ
ています。

■「親密さ」を生む親密な会話

　職場内に「親密さ」を生み出すためには，ま
ず，親密な会話を始めればよいでしょう。親密
な会話では，相手の秘密を探ったり，興味本位
にプライバシーに踏み込む無茶をしません。こ
こでいう「親密さ」とは，性的関心の好き嫌い
でもないし，衝動的感情の抑制を外すことでも
ありません。また，誰もが個人的な生活や細か
な要求開示を求めすぎることはありません。

　会話内容で重要なことは，何か提案された事
柄や曖昧な部分に対する真摯な個人的意見や考
え，自分（他のメンバー）の失敗や，職場や組
織の不可侵領域についての個人的意見が主な内
容です。もし，誰かが，それらの事柄に対して
の嫌悪感や興味を表した場合には，その意見の

背景をたずねることを大切にして，正直に応え
ることを奨励します。感情表現のスキルは，他
のスキルと同じものとして，練習を積み重ねる
ことでも上達します。このことが生む「親密
さ」は，メンバーに充実した参加意識を芽生え
させます。

■信頼に応える「親密さ」

　また，個人が開放的で無防備な弱さを出すこ
とも受け入れます。メンバーは自分のメンタル
モデルや個人のビジョン，価値観も探求するよ
うになり，思考の面や感情の面でも，そして社
会的な側面からも「あからさまな露出状態」に
なる場合もあります。さらに，他のメンバーの
目を盗んで何か隠し事をしたり，情報を自分の
ところに留めておいたり，知らないことを知っ
ていることのように装ったり，チームの目標を
土台から揺るがすような利己的な目的を押し付
ける方針を提唱・実施することなどが，安易に
できなくなります。したがって，このような
「親密さ」の状況のもとでは，誰もが「信頼に
応える」人間でいるように促されていきます。
それは，偏った憶測が原因の誤った行動や態度
がないので，お互いを批判的に攻撃することか
ら自分を守るように身構える必要性がないから
です。つまり，「真実を語る」ことと「共通の
目的」に対するコミットメントに満ち溢れてい
るので，より質の高い意思決定が行われるよう
になっていくでしょう。

集団意思決定の

エクササイズⅡ 『集中豪雨だ！　さぁ逃げろ！！』

このエクササイズ『集中豪雨だ！　さぁ逃げろ！！』では，水害時における避難時の留意点について考えながら，コンセンサス法による集団の意思決定時の葛藤（立場の違いや意見の違いなどによるすれ違いや衝突）について体験することができます。このエクササイズは1人で行うことはできません。2人以上でやってみましょう。このエクササイズをとおして，みなさんの防災意識を高めるきっかけになるでしょう。

▶このエクササイズで学習できること

○グループで話し合う中で，意見が食い違ったときの特徴と取り扱いを考える機会になるでしょう。
○集団内の葛藤をどのように理解して，取り扱うかについて学びます。
○グループのメンバーが日常生活の中でどのようなことを大切にしているのかを知ることで，相互理解を深める機会になるでしょう。

▶エクササイズのすすめ方

このエクササイズは，導入・課題とルールの提示（5分），質問用紙への個人記入（5分），グループ一覧表の作成（5分），グループ討議（40分），結果の審査（5分），ふりかえり・わかちあい（20分），小講義（10分）の時間を目安にすすめていきます。ここでは，6人で実施する場合を説明します。

1．課題の提示と質問用紙への個人記入
1）まず，1人1枚ずつ，「状況・課題シート」（p.147）を用意（配布）してください。まず

は個人で読み，あなたが置かれている状況を頭裏に描いてください。
2）「状況・課題シート」を読んだ上で，「質問用紙」（pp.148～149）の質問に答えその理由をメモしてください。まずは一緒にいる仲間に相談せず，自分で考えてみましょう。また，関連した本を見たりインターネットで調べたりせず，今あなたがもっている知識やこれまでの経験を基に記入してください。なお，専門家が出した正解が章末にありますが，先に答えを見ないでください。

2．グループ一覧表の作成と話し合い
1）一人ひとりの記入が終わったら，一緒に話し合うグループをつくります（2人からできますが，5～6人程度がよいでしょう）。メンバーで机を囲み，お互いの表情がよく見えるように座ります。
2）グループができたら，「グループ一覧表」（p.150）にメンバーの名前を記入します。一人ひとりが自分の選択した答えを発表し，さらにメンバーの答えの一覧表をつくります。そのときは理由を言わずに選択肢だけを伝えてください。
3）「グループ一覧表」ができたら，コンセンサス法による話し合いを始めます。それぞれの理由を聞き合って，グループで話し合い，グループとして1つの結論を出してください。その際に多数決はしないこと，安易に妥協しないことをよく守ってください。メンバー全員が十分納得して決めることが大切です。話し合いの時間は人数によりますが，40分くらいを目安とします。
4）もしグループが複数あれば，話し合いが終

わってから各グループの結論とその理由を発表し合うとよいでしょう。

5）それでは，ここで「正解についての説明」（p.158）を見てみましょう。これは防災の専門家が出したものです。みなさんが出した結論はどうだったでしょうか。

3．エクササイズのふりかえりとわかちあい

1）「プロセスシート」（p.151）を個人で記入してください。話し合いをしてみて，まず気づいたことや学んだことを項目ごとに自分の言葉で記入します。自分が思ったとおりに書いてください。今の話し合いの中でどのようなことが起こっていたか，それを通して意見の違いがどのような過程を経て結論に至ったのか，そのときのメンバーの気持ちなども考えてみましょう。

2）全員が記入し終わったら，わかちあいをし

ます。書いたことをお互いに発表し合いましょう。他のメンバーの気づきを聞くことで，自分とは異なった考えを知ることができます。そして，そこから自分の気づきや考え方の幅を広げることができるでしょう。

4．小講義

ひととおり上記までの取り組みを終えたら，このエクササイズで学んだことなどに関連する「小講義」を読んで学習をすすめてください。なお，この章に掲載しなかった「小講義」を紹介しますので今後の参考にするとよいでしょう。

・小講義「ポジティブな感情表出とは」，「葛藤とのつきあい方」星野欣生（著）『人間関係づくりトレーニング』（2003，金子書房）
・小講義「どう生きるかを決めること」，「つながりの再発見」津村俊充・星野欣生（編）『実践 人間関係づくりファシリテーション』（2013，金子書房）

『集中豪雨だ！ さぁ逃げろ！！』状況・課題シート

■状況

あなた方の住む地域では，一昨日から雨が降り続いています。気象予報では，あと数日は雨が続くようです。刻々と状況が変化する中，アイディアを出し合ってそれぞれの問題に対して最善と思われる方法を考えなければなりません。

■課題

まず，個人で各質問に答えてください（書かれている状況をできるだけ具体的に想像してみてください）。

その後，グループで話し合い，答えの中から最善と思われるものをコンセンサス法（全員の合意）で決定してください。

※このエクササイズは，特定非営利活動法人 Facilitator Fellows（2010年）が作成したものに一部訂正・加筆したものである。

『集中豪雨だ！　さぁ逃げろ！！』質問用紙

1．一昨日から降り続いている雨。気象予報ではあと数日は雨が続くようです。今朝からは大雨警報が発令され，土砂災害警戒情報も発令されています。あなたの家の前には河川が流れ，後ろには裏山があります。夜11時，不安を抱えて就寝準備をするあなたは…

A　ラジオをつけて，情報を入手できるようにしたまま寝る
B　いつでも避難できるように身支度を整えてから寝る
C　家屋周辺の状況を確認しに外出し，安心してから寝る
（理由メモ）

2．夜中の１時。家の前の河川が避難判断水位を超えたことに伴い，自治体からは避難準備・高齢者等避難開始が発令されました。手早く身支度を整え避難所へ移動しようと考えますが，避難する際にあなたが身につけたい物は…

A　避難中に居場所を知らせるための「笛（ホイッスル）」
B　避難中に泥棒が入ると困るので「貴重品（保険証を含む）」
C　避難が長期化した場合に備えての「飲食品（水を含む）」
（理由メモ）

3．午前２時。玄関を出たときには既に河川が氾濫していました。道路はひざ下程度（30cm位）の冠水も確認できます。避難所までの400m，移動手段を考えたあなたは…

A　その程度の冠水なら車での移動も大丈夫。車で避難する
B　何かにつかまりながら避難するほうが歩行は安定するので自転車を押しながら歩いて避難する
C　とりあえずは身軽なほうが安心なので徒歩で避難する
（理由メモ）

4．やっとの思いで避難所の小学校に着いたのは午前3時前。小学校には多くの人が避難しています。避難所に着いたあなたは…

A　着替えて清潔を保つ
B　自治体の職員等に状況を聞きに行く
C　避難所内での居場所を確保するため場所を取る
（理由メモ）

5．午前4時。避難所にはさまざまな人たちが集まっています。ペットを連れてきている人，乳児を抱えたお母さん，歩行も不安定なおばあちゃんなどなど…。不安な一夜を共に過ごすためにあなたが取る行動は…

A　互いのプライバシーを尊重しあまり関わらないようにして過ごす
B　自治会・町内会の役員等を探して対策を協議する
C　自治体の職員に対策を求める
（理由メモ）

6．河川の水位も下がった午前7時。予報よりも早く天気が回復したため避難勧告が解除になりました。自宅は床上まで浸水していた様子で，壁に水の跡がくっきりとついています。自宅に戻ったあなたは…

A　元の暮らしを取り戻すためにすぐに片づけを開始する
B　市役所に行って今後の生活についての相談をする
C　被災した記録のために家の状況を写真に撮っておく
（理由メモ）

『集中豪雨だ！ さあ逃げろ！！』グループ一覧表

質問 ＼ メンバー氏名	自分					グループの決定	正解
1. 不安を抱えて就寝準備をするあなたは…							
2. 避難する際にあなたが身につけたい物は…							
3. 移動手段を考えたあなたは…							
4. 避難所に着いたあなたは…							
5. 不安な一夜を共に過ごすためにあなたが取る行動は…							
6. 自宅に戻ったあなたは…							
正解数							

『集中豪雨だ！　さぁ逃げろ！！』プロセスシート

エクササイズをふりかえりましょう。
自分の言葉で，感じたままを自由に記入してください。

1．このエクササイズを通してあなたは…
① 自分の意見をどの程度伝えることができましたか。
（どのような点でそう思いましたか）

② 自分の葛藤（感情）をどの程度表現できましたか。
（どのような点でそう思いましたか）

2．コンセンサスはどの程度できたと思いますか。
（どのような点でそう思いましたか）

3．話し合いを通してどのようなことに気づいたり，感じたりしましたか。

4．その他，気づいたことなどを自由に記述してください。

小講義Ⅲ　葛藤について

■葛藤は避けられない

　職場は異なる価値観をもった人々が集まった「葛藤」が生じやすい集団です。日々起こる些細なすれ違いから，激しい意見のぶつかり合いがあり，その相手も同僚，上司，部下などさまざまです。

　職場はある目標を共有している集団，つまりチームですから目標達成に向けたプロセスの中で生じる「葛藤」は避けられないことです。「葛藤」が避けられない以上，どのように向き合うのか，また，どのように処理していくのかが重要になります。「葛藤」が起こった状況に向き合うのはつらいものです。できれば衝突はしたくないし，波風立てずにことを収めたいと思うのが正直な気持ちかもしれません。しかし，「葛藤」の処理を避け続けていてはチームの成長は望めません。よりよいチームづくりには，自分たちが向き合うべき「葛藤」としっかりと対峙することが求められます。「葛藤」の処理がうまくできたときには，その相手との関係やチームの中の結びつきが強くなることをこれまでに経験したことがある方もいるのではないでしょうか。

　たとえば，過酷な研修を一緒に修了した参加者同士に強い仲間意識が芽生えたり，上司や部下との激しい意見の衝突がきっかけで相互の理解が深まったり，これまでよりも親密な関係になったりといった経験がある人も少なくないと思います。

■葛藤は価値観のぶつかり合い

　「葛藤」が生じているときには，人と人の価値観のぶつかり合いが起こっています。自分と価値観の近い人たちと付き合っていればそれほど大きな衝突は起こりにくいものです。しかし，価値観の異なる人がいることでチームの視野や選択肢が広がります。メンバーの多様性を生かせるチームは，一人ひとりの意見を大切にしていきます。複数で話し合いを行うと，どうしても多数派の意見に流されてしまいがちですが，少数派の意見にも積極的に耳を傾けることで，多くの人が見逃していた大切なことに気づくきっかけになることがあります。

　しかし，一人ひとりの意見を尊重するためには，少し工夫が必要です。たとえば，よく見知った仲間同士でエクササイズを行うときにこんなことが起こるかもしれません。「理解してもらえるだろうか」という自信のなさ，もう1つは「意見を言うことで誰かを傷つけてしまわないだろうか」，もしくは相手が上司であれば「こんなことを言って失礼になるだろうか」という相手への配慮，または「どうせ言っても受け入れてもらえないだろう」という個人や集団への承認に関することです。いずれも，自分を受け入れて（承認して）もらえるだろうかという不安です。

　アメリカの心理学者，アブラハム・マズローは人間の基本的欲求として5つの欲求を挙げました。1つ目は生理的欲求，2つ目は安全・安定の欲求，3つ目は所属と愛の欲求，4つ目は承認の欲求，5つ目は自己実現の欲求です。先ほどの「自分の意見を受け入れてもらいたい」というのは4つ目の承認欲求に該当します。ある集団に安全，安心を感じ，所属感を感じることができると，つぎに私たちはそこで認めてもらいたい，という気持ちが起こります。つまり，物事に取り組む集団では，「葛藤」は避けて通ることができないことなのです。

　ここで，このように人間の集団内で生じる

「葛藤」の特徴を少し整理してみましょう。

■関係葛藤と課題葛藤

組織行動学者のJehnによると、集団内の葛藤には大きく2つが挙げられています。1つは他者との関係において生じるさまざまな不一致によって気づく「関係葛藤」、もう1つは集団の意思決定において生まれるメンバー間の意見の対立である「課題葛藤」です。

これまでの研究では、「課題葛藤」はポジティブな影響を集団に及ぼすとされています。これは、意見の不一致にどのように折り合いをつけるかを活発に話し合うからでしょう。

一方、少々厄介なのは「関係葛藤」です。なぜなら、このタイプの「葛藤」は日常的な仕事上の人間関係が大いに影響を及ぼすからです。これは先の例に挙げた、見知った仲間同士で起こりやすい「葛藤」です。メンバー間の相互作用だけでなく、メンバー個人がもつ価値観や考え方の違いから生まれるもの、集団への帰属意識や感情なども「葛藤」に含まれます。

■集団内の葛藤と向き合う

想定外の状況に出合ったとき、私たちは非常に混乱します。エクササイズの題材となった「水害」も想定外の出来事の1つです。人間がひどく混乱したときに起こりやすい反応に、「闘争 - 逃走反応（fight-or-flight response）」があります。これは、強い負荷があるとイライラしやすくなったり、回避したくなる気持ちが生じるということです。自分はどのような気持ちになっていたか、また集団はどのような感情を表現しやすい状況になっていたか、エクササイズの様子を「ふりかえる」とさらに見えてくるものがあるでしょう。

たとえば、ほかの人のことばかり考えて自分が思ったことを言えなかった人はいませんか。逆に自分の主張が強く、他者の意見に耳を傾けられなかった人はいませんか。自分はどちらのパターンに一番近かったでしょうか。もしかす

ると、お互いの主張が激しかったグループでは、意見の対立が激しく、強い「葛藤」が起こっていたというだけでなく、最終的にはよく意見を出し合えた、という印象をもった人がいるかもしれません。逆に、強い「葛藤」が生じず、終始穏やかに話し合いがすすんだようなグループの中ではどうでしょうか。グループのメンバー同士の関係が良かったということの陰には、できるだけ「葛藤」を避けて自分とは異なった考えを我慢していた、話し合いでも満足できなかった人がいる可能性も考えられるのです。このような状況があったとしたら、どのくらい葛藤に気づくことができたでしょうか。

■葛藤の特徴に気づく

「葛藤」と向き合うためには、そこでどのような葛藤が生じているのかに気づくことが必要です。たとえば、つぎのような特徴的なメンバーに気づきましたか。発言の少ない人、不安そうな表情の人はいましたか。脇目もふらず、エクササイズに集中しすぎて周りの声が届きにくい人がいましたか。

ここで、考えてみましょう。彼らはどのような気持ちでそこにいたのでしょうか。周囲の流れを止めてしまうことを恐れて発言できず、不安そうな表情しかできなかったのかもしれません。もしくは、これでいいのか？　と不安を感じながらも、とにかく課題達成に向かって一心不乱に目の前のことに取り組んでいたのかもしれません。このような状況のときには、本人の自力で状況を変えることは難しいものです。気づいた人が「あまり発言していませんが何かありますか？」、「一度皆で状況を整理してみませんか？」などの声かけをすることで、流れに変化を与えることができたかもしれません。

■職場の活性化とチームのメリハリ

メリハリがあるチームは、真剣に議論をする時間と楽しむ時間のオンとオフをはっきりと区別しています。そのようなチームのメンバーに

表 7-1　暗黙知と形式知の対比

暗黙知	形式知
主観的な知（個人知）	客観的な知（組織知）
経験知（身体的）	理性知（精神的）
同時的な知（今ここにある知）	順序的な知（過去の知）
アナログ的な知（実務）	デジタル的な知（理論）

野中・竹内・梅本訳（1996）『知識創造企業』より

出会えたときは本当に嬉しいですし，仕事を続けようとするモチベーションも高まって，チームへの帰属意識も芽生えます。職場の活性化につながるチームづくりは，スタッフの職場への定着率を高めることにもつながります。

■葛藤から知識の創造へ

葛藤は組織の知識創生のプロセスです。松下電器産業（現 Panasonic）が1987年に発売したホームベーカリー（プロ職人の品質に匹敵するパン製造器）など，日本企業の世界に通用する製品開発手法の強みは，さまざまな暗黙知を組織の壁を越えて持ち寄り，もがき葛藤を重ねながら知を形に変えるものでした。

組織は葛藤と個人を抜きにして知識を創ることができません。知識を創造するのが個人だけだからです。組織の役割は，創造性豊かな（クリエイティブ）個人を助け，知識創造のためのより良い条件を作ることです。したがって，組織的知識創造は，個人が創りだす知識を組織的に増幅し，組織の知識ネットワークに結晶化する葛藤を伴うプロセスだといえます。

また，組織は新しい環境状況に適応するための情報を環境から得て処理します。そして，イノベーションを起こす企業は，問題やその解決方法を発見あるいは定義しなおすために，組織内部から新しい知識や情報を創出しながら葛藤し，環境を創り変えていきます。このように，知識創造理論は，知識創造の主体（個人，グループ，組織，複数組織）に焦点をあてた暗黙知と形式知の区別を重要視します。

暗黙知と形式知は，マイケル・ポランニー（1966 高橋訳，2003）が著者である『暗黙知の次元』で示した「知識（ナレッジ）」の認識論的な分類です。彼の考え方は，人間が経験を積極的に組織化することで知識を創っていくというものです。暗黙知は，特定状況に関する個人的な知識であり，形式化したり他者に伝えたりするのが難しいものです。形式知は，「あそこあのとき」の過去の事物についての知識であり，特定のコンテキストに束縛されない普遍的な理論をもつものです。

しかし，暗黙知と形式知は完全に別々なものではなく，相互補完的なものなので，人間の知識はこれらの社会的相互作用を通じて想像され拡大するものと捉えます（野中ら，1996：表7-1）。

そして，暗黙知と形式知が相互に作用し合うときに，知識変換モード（共同化，表出化，連結化，内面化）が現れます。これらのモードは個人も経験しますが，全体としては個人の知識が明示（表出）され，組織全体へと「増幅される」メカニズムといえるものです。

■知識変換のモード

知識創造理論の知識変換モードは，つぎの4つです（図7-1）。

まず，「共同化」は，相互作用の「場」を創ることから始まります。この「場」は，メンバーの経験やメンタルモデルの共有を促進します。つぎに，「表出化」は有意義な「対話（共同思考）」によって引き起こされます。この対

話では，伝えにくい暗黙知を明らかにしていきます。そして，「連結化」は，新しい知識と組織の他の部署にすでに存在する知識を結合することによって引き起こされ，新しいサービスや製品などに結実します。「内面化」の引き金は，それらを使ってみる「行動による学習」となっていくことです。

1）共同化：個人の暗黙知からグループの暗黙知を対話で創造することです。経験を共有することによって，メンタルモデルや技能などの暗黙知を創造するプロセスです。他者の暗黙知を獲得するには，共体験が必要です。情報だけだと，共体験でもつ感情や特定の状況から離れてしまうので，ほとんどの意味を失ってしまいします。

2）表出化：暗黙知から形式知を創造することです。暗黙知を明確なコンセプトに表すプロセスです。このプロセスは，暗黙知がメタファー，アナロジー，コンセプト，仮説，モデルなどの形をとりながらしだいに形式知として明示的になっていく流れが知識創造の鍵を握っています。

　この表出化は，コンセプトの創造に典型的に見られ，対話すなわち共同思考によって引き起こされます。

3）連結化：個別の形式知から体系的な形式知を創造することです。コンセプトを組み合わせて新たな知識体系を創りだすプロセスです。私たち一人ひとりでは，書類，会議，電話，コンピュータ通信ネットワークなどを通じて，知識を交換しながら組み合わせています。既存の形式知を整理・分類して組み替えることで新しい知識を生み出すこともしています。

4）内面化：形式知から暗黙知を創造することです。形式知と暗黙知へ体化するプロセスです。これは，行動による学習と密接に関連していて，個々人の体験が共同化，表出化，連結化を通じて，メンタルモデルや技術的ノウハウという形で暗黙知ベースに内面化され，組織や個人の貴重な財産となります。

　形式知を暗黙知に内面化するためには，書類，マニュアル，物語などに言語化・図式化されている必要があります。このような文書化は，体験を内面化するのを助けて個人の暗黙知を豊かにします。

　しかし，暗黙知の共同化を目指すだけでは，知識の創造は限られてしまいます。さらに，共有された暗黙知が形式知にならないかぎり，組織全体で知識を使うことも難しいでしょう。暗黙知と形式知が相互に作用するときこそ，イノベーションが生まれるのです。

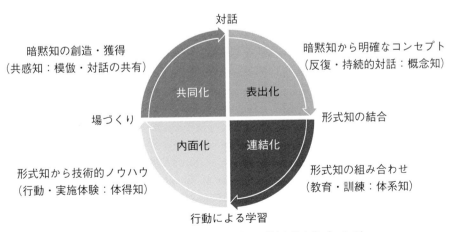

図7-1　暗黙知と形式知の相互作用（社会的変換プロセス）
野中・竹内・梅本訳（1996）『知識創造企業』より作成

気づきの明確化シート　──きめる──

この章をとおして
1. あなたが今，所属している職場（チーム，サークル，所属がない場合は身近な他者の職場を思い浮かべて）は，つぎの内容に照らしてどのようなことがいえるでしょうか。

　　（1）会議やミーティングについて

　　（2）トラブルの処理について

　　（3）問題の解決方法について

　　（4）葛藤の状況，葛藤の処理について

　　（5）意思決定の方法と過程の手順・規範との関係について

2.「きめる」の章で，あなたが気づいたこと，感じたことは。

3. すべての章をとおして，あなたが学んだと思うことは。

4. その他，感じたこと，気づいたことは。

エクササイズ1　『いまどきの新入社員』アンケート調査の結果

　2008年2月中旬に，日本経済新聞の「NIKKEI プラス1」（調査会社マクロミル：2008.03.01発表）が全国の30〜59歳の会社員・公務員の男女を対象として，「困らせられたり，腹が立った新人」のアンケート【有効回答者数1,030人】を実施しました。調査では，「日経生活モニター」に対する事前調査の結果を参考に作成した42の選択肢（「その他」「そうした経験はなかった」を含む）が提示され，それらのなかから，実際に出会って困ったことがあるタイプの新人について，最大で10項目まで選んでもらうものです。この「困った新人」で519票を集めて1位となった「あいさつがきちんとできない」では，「顧客に会わせて紹介しているのにあいさつしない」，「ごちそうしても翌日にお礼を言わない」といった意見がありました。他の選択肢では，「仕事中に携帯電話ばかり気にしている」，「見え透いたウソをつく」などがありました。

【正解】（1）F，（2）B，（3）D，（4）H，（5）E

　※ちなみに，C.は13位，A.は15位，G.はその他の順位という結果でした。

1位	519	あいさつがきちんとできない
2位	432	メモを取らず，同じ事を何度も聞く
3位	409	敬語が使えない
4位	300	雑用を率先してやろうとしない
5位	297	ホウレンソウ（報告・連絡・相談）ができない
6位	282	同じ間違いを繰り返す
7位	267	返事ができない
8位	257	自分のミスを謝らない
9位	220	「指示待ち」で自分から積極的に動こうとしない
10位	219	プライドが高く，知ったかぶり
11位	204	忙しい先輩に「手伝いますか」の言葉もなく帰るなど，協調性がない
12位	189	仕事中の私語が多すぎる
13位	160	注意すると「逆ギレ」する
14位	156	仕事の優先順位がつけられずパニックになる
15位	144	好き嫌いで物事を判断し，露骨に態度に表す

1．正解 = B

テレビやラジオの情報は気象情報を入手するためには重要かもしれないが，自分に必要な個別化された情報（避難の必要性の有無など）の収集は難しい。さらに土砂災害警戒情報が出されている状況下における夜間の外出は非常に危険であり，この場合に適した行動ではない。

この場合の身支度とは，単に非常持出品の準備をするだけではなく，水の汲み置き，貴重品や水没する恐れのあるものの移動や片付けを含めたものであり，そうした環境を整えて就寝することが望ましい。

2．正解 = A

水害の避難には避難所等へ移動する「水平避難」と，高層階へ移動する「垂直避難」がある。いずれの場合においても雨音や避難誘導の放送等が大きくなり，救援・救助を呼ぶ声などがかき消されてしまうことも多い。このため，より大きな音で存在を明らかにし，さらに大声で体力を消耗しないためにも笛（ホイッスル）は身につけておきたい道具である。

「避難」は，避難所までの「移動」と避難所での「生活」の2種類の行動に分けて考える必要があるが，笛（ホイッスル）以外の道具は，命があってはじめて活用できるものである。貴重品や飲食品も重要だが，災害に備えて平時より整備しておく必要がある。

3．正解 = C

河川の氾濫が発生している状況では，正確に路面状況を把握することは難しく，車での移動は危険もある。また，ウォーターハンマー現象により走行時にエンジンが損傷し，浸水により車中に閉じ込められる被害も報告されているほか，ハイブリット車では電気系のトラブルが発生しやすい。

自転車を押しながらの避難は，河川からの水流を自転車で受け止めてしまうため，転倒や濁流に押し流されるため危険性が高い。避難時には両手に荷物を持たず，なるべく身軽な服装と装備で行動することが望ましい。

4．正解 = A

避難所では可能な限り清潔を保ち，感染症予防を行うのが重要である。避難生活で生じるリスクの1つに感染症があるが，過去の災害においても避難所における集団罹患（風邪，インフルエンザ，ノロウイルスなど）の報告もある。特に水害の場合は避難所までの経路において，下水管の破損や家畜の糞尿による影響も受けやすく，衛生環境を整えることが急務である。

避難所開設時においては，被害状況の全容がつかめないため，避難所の開設に携わっている自治体職員に状況を聞いても回答を得ることは難しい。また，多くの避難者が同じように状況を聞きに行くと，災害対策本部との連携が損なわれることも懸念される。

近年では避難所の多くは区域ごとに割り当てられることが多く，居場所を確保しようと身勝手な行動や先走りする行動は良くない。

5．正解 = B

災害時だからこそ，互いに声をかけ合い，少しでも不安を取り除くことが重要である。乳児の夜泣き，ペットの避難は深刻な課題である。避難所では多くの避難者が迷惑をかけないように生活を始めるが，モラルの低下に伴い，身勝手な行動をする者もある。

避難所運営は基本的に避難者で自治組織を構成し運営にあたり，それを自治体職員等がサポートするものであるため，なるべく早く避難者による「避難所自治会」を構成し，避難所の部屋の割り振りやルールの設定を行う必要がある。この場合においては避難者が自ら対策を講じるよう協議するため，日常から地域の役割を

担っている自治会，町内会役員と協議することが望ましい。

6．正解＝C

　災害が発生した場合，発生した市区町村の判断により各種法令に基づく指定を受ける場合がある。これらは当該市区町村（もしくは都道府県）内の罹災世帯数や被害総額等により，災害救助法または激甚災害法の適用を受けることができるものであるが，被害の程度によっては適用を受けるまでに時間を要する場合がある。そ

こで，自宅に戻った際には，撮影日を明確にした家屋内部および家屋周辺，浸水した部分までの高さや範囲などを明らかにした，罹災証明に添付するための罹災の記録（写真）を撮っておくことが望ましい。

　災害発生直後の混乱した状況下の行政機関では，被害の全体像がつかめず，相談への回答も得られない場合も多いが，それらの写真を持っていくと再建に関する具体的な相談等に応じることが容易になることも考えられる。

●用語説明・解説

【土砂災害警戒情報】
　既に大雨警報や洪水警報等が発表されている段階で，警報よりも切迫して災害（斜面の深部崩壊，山体の崩壊，地滑り等）が発生する恐れがある場合に，警報より狭い範囲（市町村単位）で発表される。都道府県砂防部局と地元気象台による共同発表。

【避難判断水位と避難準備情報】
　1級および2級河川には国土交通省や都道府県が定める個別の洪水予報がある。河川の水位によって水防団（消防団）が待機するレベル1から，氾濫が発生した状態のレベル5までの情報が定められており，避難判断水位（レベル2）は市町村長が避難準備・高齢者等避難開始の発令を判断する段階。避難準備・高齢者等避難開始とは，特に避難に時間を要する人（高齢の方や障がいのある方，乳幼児等）とその支援者に対し避難行動を促すための情報で市町村長が発令する。また，それ以外の人は避難の準備を整える。

【ウォーターハンマー現象】
　吸気管からエンジン内部に水が入りウォーターハンマーと呼ばれる現象によりエンジンが停止する。また，排気口（マフラー）からの浸水により走行が困難になることもあるが，走行による波などの影響により，比較的浅い浸水であっても故障につながることもある。また，浸水時の車での走行は路面状況の変化（マンホールの外れなど）に気づきにくいため，非常に危険である。

【避難所】
　災害発生時などに人が避難する場所。大規模災害により多くの人員が避難する場合や，火災の延焼から逃れるためにある「広域避難場所」，緊急的に身を寄せる必要がある場合に避難する「一時（いっとき）避難場所」，宿泊や食事の提供を行い一時的な生活を送るための「収容避難場所」，これら避難所での生活が困難とされる高齢者や障がい者など，特別な配慮を必要とする避難者のための「福祉避難所」に区分されている。避難所での1人あたりのスペースは，避難人数によるが，災害発生直後には半畳，その後は1畳程度といわれる。
　運営は，日ごろの自治会・町内会活動同様に役割分担を行いながら運営する。その役割は，災害対策本部との調整，避難者の管理，避難所内外の情報収集と発信，避難所内の防犯，食事や救援物資の管理，ごみやペットの管理，傷病者の手当てや介護，ボランティアの調整など多岐にわたる。

【罹災証明】
　地方自治法により，災害や火災などが発生した場合，市町村が被災状況の現地調査を行い発行する。地震の場合は「全壊」，「大規模半壊」，「半壊」，「一部損壊」の4区分に分類され，この分類によって，被災者生活再建支援法に基づく支援額や税の減免，義援金の配分などが異なる。

引用・参考文献

第1章

Bandura, A. (1977). Self-efficacy: Toward a unifying theory of behavioral change. *Psychological Review, 84,* 191-215.

Bandura, A. 重久 剛 (訳) (1985). 自己効力 (セルフ・エフィカシー) の探究 祐宗 省三・原野 広太郎・柏木 惠子・春木 豊 (編) 社会的学習理論の新展開 (pp.132-135) 金子書房

福島 脩美 (1985). 自己効力 (セルフ・エフィカシー) の理論 祐宗 省三・原野 広太郎・柏木 惠子・春木 豊 (編) 社会的学習理論の新展開 (pp.33-45) 金子書房

Heifetz, R. A. (1998). *Leadership Without Easy Answers.* Harvard University Press.
(ハイフェッツ, R. A. 幸田 シャーミン (訳) (1996). リーダーシップとは何か! 産能大学出版部)

Kahneman, D. (2011). *Thinking, Fast and Slow.* FARRAR, STRAUS AND GIROUX.
(カーネマン, D. 村井 章子 (訳) (2014). ファスト&スロー —— あなたの意思はどのように決まるか?〔上〕 —— (pp.13-15) 早川書房)

Kruger, J., & Dunning, D. (1999). Unskilled and unaware of it: How difficulties in recognizing one's own incompetence lead to inflated self-assessments. *Journal of Personality and Social Psychology, 77,* 1121-1134.

Schein, E. H. (1998). *Process Consultation Revisited: Building the Helping Relationship.* Addison Wesley Longman.
(エドガー, H. シャイン. 稲葉 元吉・尾川 丈一 (訳) (2012). プロセス・コンサルテーション —— 援助関係を築くこと —— (pp.121-137) 白桃書房)

Schein, E. H. (2009). *HELPING How to Offer, Give, and Receive Help.* Berrett-Koehler Publishers.
(エドガー, H. シャイン. 金井 真弓 (訳). 金井 壽宏 (監訳) (2009). 人を助けるとはどういうことか —— 本当の「協力関係」をつくる7つの原則 —— (pp.170-180) 英治出版)

全国社会福祉協議会 (2008). 社会福祉施設の人材確保・育成に関する調査 Retrieved from https://www.keieikyo.gr.jp/data/jinzai3.pdf (2017年8月18日)

第2章

間宮 基文 (2013). 小講義 ラボラトリー方式の体験学習における「ふりかえり」とは 津村俊充・星野 欣生 (編) 実践 人間関係づくりファシリテーション (p.120) 金子書房

真田 茂人 (2015). 学習の5つのSTEP 研修講師養成講座 (pp.1-7) 中央経済社

Senge, P. (1994). *The Fifth Discipline Fieldbook: Strategies for Building a Learning Organization.* Nicholas Brealey Publishing.
(センゲ, P. 柴田 昌治 (監訳) スコラ・コンサルタント (監訳) 牧野 元三 (訳) (2003). フィールドブック学習する組織「5つの能力」企業変革をチームで進める最強ツール (pp.41-45, 50-62) 日本経済新聞社)

第3章

星野 欣生 (2003). フィードバックは成長の鏡 (pp.55-59) 職場の人間関係づくりトレーニング 金子書房

Kahneman, D. (2011). *Thinking, Fast and Slow.* FARRAR, STRAUS AND GIROUX.
(カーネマン, D. 村井 章子 (訳) (2014). ファスト&スロー —— あなたの意思はどのように決まるか?〔上〕 —— (pp.316, 344) 早川書房)

Klein, G. (2013). *Seeing What Others Don't: The Remarkable Ways We Gain Insights.* PublicAffairs.
(クレイン, G. 奈良 潤 (訳) (2015). 「洞察力」があらゆる問題を解決する (pp.138-141, 163-174, 192, 232-233) フォレスト出版)

小宮 英美 (1999). 脳は直感している 詳伝社

Millard, J., & Bienvenu, Sr. (1969). Interpersonal Communication Inventory. *Journal of Communication.*

中堀 仁四郎 (2005). 23効果的コミュニケーションのための5つの要素 (pp.89-92) 南山短期大学人間関係科 (監) 津村 俊充・山口 真人 (編) 人間関係トレーニング —— 私を育てる人間学的アプローチ (第2版) —— ナカニシヤ出版

中務 哲郎 (1999). 二 鷲と黒丸烏と羊飼 イソップ寓話集 (pp.22-23) 岩波書店

中務 哲郎 (1999)．一四〇 恋するライオン　イソップ寓話集（pp.118-119）　岩波書店

新田 祥子 (2008)．五段階情報整理法　練習15分論理力トレーニング教室　日本能率協会マネジメントセンター

Schein, E. H. (1998). *Process Consultation Revisited: Building the Helping Relationship*. Addison Wesley Longman.
　　（エドガー, H, シャイン. 稲葉 元吉・尾川 丈一（訳）(2012)．プロセス・コンサルテーション ── 援助関係を築くこと ──（pp.121-137）　白桃書房）

Schein, E. H. (2009). *HELPING How to Offer, Give, and Receive Help*. Berrett-Koehler Publishers.
　　（エドガー, H, シャイン. 金井 真弓（訳）. 金井 壽宏（監訳）(2009)．人を助けるとはどういうことか ── 本当の「協力関係」をつくる７つの原則 ──（pp.36-37, 40, 44-47, 145-165）英治出版）

第４章

蒼海 憲治 (2012)．情報システム学会 メールマガジン No.07-03 [10] 連載 プロマネの現場から 第 51 回「フォロワーシップの醸成」(2012年 6 月25日)

Chaleff, I. (1995). *The Courageous Follower: Standing Up to and for Our Leaders*. Berrett-Koehler Publishers.
　　（チャレフ, I. 野中 香方子（訳）(2009)．ザ・フォロワーシップ ── 上司を動かす賢い部下の教科書 ──（p.119）ダイヤモンド社）

広江 朋紀 (2016)．研修・ファシリテーションの技術 ── 場が変わり，人がいきいき動き出す ──（pp.156-157）同文舘出版

細川 馨 (2011)．戦略を実行する第 2 ステップ ── 組織の成功循環モデルを知り，リーダーシップを強化する ── ITmedia エグゼクティブ Retrieved from http://mag.executive.itmedia.co.jp/executive/articles/1112/05/news007.html (2011年12月 5 日)

Kelley, R. (1992). *Power of Followership*. Doubleday Business.
　　（ケリー, R. 牧野 昇（訳）(1993)．指導力革命 ── リーダーシップからフォロワーシップへ ──　プレジデント社）

Kim, D. H. (2001). *Organizing for Learning: Strategies for Knowledge Creation and Enduring Change*. Pegasus Communications.

中村 和彦・塩見 康史・高木 穣 (2010)．職場における協働の創生 ── その理論と実践 ── 人間関係研究, 9, 1-34.

岡本 晴美 (2013)．社会福祉現場の人材育成における MRI アプローチの活用　佛教大学社会福祉学部論集, 9. 85-98

Schein, E. H. (1998). *Process Consultation Revisited: Building the Helping Relationship*. Addison Wesley Longman.
　　（エドガー, H, シャイン. 稲葉 元吉・尾川 丈一（訳）(2012)．プロセス・コンサルテーション ── 援助関係を築くこと ──（pp.121-137）　白桃書房）

Senge, P. (1994). *The Fifth Discipline Fieldbook: Strategies for Building a Learning Organization*. Nicholas Brealey Publishing.
　　（センゲ, P. 柴田 昌治（監訳）スコラ・コンサルタント（監訳）牧野 元三（訳）(2003)．フィールドブック学習する組織「5 つの能力」企業変革をチームで進める最強ツール（pp.41-45, 50-62）　日本経済新聞社）

高間 邦男 (2014)．組織変革プロセスの見える化 ── 生成的変革アプローチで組織を成功の好循環に乗せよう ── 人事マネジメント　ビジネスパブリッシング

高間 邦男 (2016)．組織変革プロセスの見える化 ── 生成的変革アプローチで組織を成功の好循環に乗せよう ── ヒューマンバリュー Retrieved from http://www.humanvalue.co.jp/hv2/insight_report/articles/post_80.html (2016年08月23日)

高沢 公信　職場のコミュニケーション P&P ネットワーク Retrieved of from http://ppnetwork.c.ooco.jp/prod064000.htm# 職場のコミュニケーション (2017年 7 月 5 日)

第５章

Cohen, A. R., & Bradford, D. L. (2005). *Influence Without Authority*. Wiley.
　　（コーエン, A. R., & ブラッドフォード, D. L. 高嶋 薫・高嶋 成豪（訳）(2007)．影響力の法則 ── 現代組織を生き抜くバイブル　税務経理協会）

星野 欣生 (2007)．エクササイズ『マネージャーゲーム』 職場の人間関係づくりトレーニング（pp.103-110）　金子書房

McRaney, D. (2011). *You Are Not So Smart: Why You Have Too Many Friends on Facebook, Why Your Memory Is Mostly Fiction, and 46 Other Ways You're Deluding Yourself*. Gotham books.
　　（マクレイニー, D. 安原 和見（訳）(2014)．思考のトラップ ── 脳があなたをダマす48のやり方 ──（p.295, pp.341-389）　二見書房）

Meadows, D. H. (2008). *Thinking in Systems: A Primer* (D. Wright, Ed.). Chelsea Green Publishing.
（メドウズ, D. H　枝廣 淳子（訳）(2015)．世界はシステムで動く――いま起きていることの本質をつかむ考え方 ――（p.27）　英治出版）

Mintzberg, H. (2009). *Managing.* Berrett-Koehler Publishers.
（ミンツバーグ, H. 池村 千秋（訳）(2011)．マネジャーの実像（pp.98-100, p.195）　日経BP社）

Mintzberg, H. (2013). *Simply Managing: What Managers Do - and Can Do Better.* FT Publishing International.
（ミンツバーグ, H. 池村 千秋（訳）(2014)．エッセンシャル版 ミンツバーグ マネジャー論（pp.57-115, 145, 166-176, 234, 286）　日経BP社）

奥田 達也（2004）．集団の利益と個人の利益　藤本 忠明・東 正訓（編）ワークショップ――人間関係の心理学 ――（p.121）　ナカニシヤ出版

Sterman, J. D. (2000). *Business Dynamics: Systems Thinking and Modeling for a Complex World with CD-ROM (Tmhe Ie Overruns).* McGraw-Hill Education.
（スターマン, J. D. 小田 理一郎・枝廣 淳子（訳）(2009)．システム思考――複雑な問題の解決技法（BEST SOLUTION）（p.26）　東洋経済新報社）

第6章

Beckhard, R. (1972). Optimizing team-building efforts. *Journal of Contemporary Business,* 1, 23-32.

Burke, W. (1982). Organization Development. Little Brown & Company.
（ブルーク, W. 小林 薫（監訳）吉田 哲子（訳）(1987)．組織開発教科書　プレジデント社）

林 芳孝（2014）．あの人，どんなリーダー？　人間関係研究, 13, 55-64.

星野 欣生（2007）．小講義Ⅱ「グループの何をみるのか」――グループ診断と介入　職場の人間関係づくりトレーニング（pp.131-133）　金子書房

中村 和彦・塩見 康史・高木 穣（2010）．職場における協働の創生――その理論と実践――人間関係研究, 9, 1-34.

Noolan, J. A. C. (2005). Beckhard's GRPI Model. Unpublished workbook for the training program of "Diagnosing Organizations with Impact". September 2005（at Toronto, Canada）, NTL Institute, Alexandria, VA.

船木 幸弘（2009）．子どもと地域のコーディネーション　チャイルド・サイエンス, 5, 58-62.

北原 保雄（2003）．日本国語大辞典〔第2版〕　小学館.

Kahneman, D. (2011). *Thinking, Fast and Slow.* FARRAR, STRAUS AND GIROUX.
（カーネマン, D. 村井 章子（訳）(2014)．ファスト＆スロー――あなたの意思はどのように決まるか？〔下〕――（p.54）　早川書房）

Heifetz, R. A. (1998). *Leadership Without Easy Answers.* Harvard University Press.
（ハイフェッツ, R. A. 幸田 シャーミン（訳）(1996)．リーダーシップとは何か！　産能大学出版部）

Kegan, R., & Lahey, L. L. (2009). *Immunity to Change: How to Overcome It and Unlock the Potential in Yourself and Your Organization（Leadership for the Common Good）.* Harvard Business Publishing.
（キーガン, R.・レイヒー, L. L. 池村 千秋（訳）(2013)．なぜ人と組織は変われないのか――ハーバード流 自己変革の理論と実践（p.18）　英治出版）

世古 雅人（2016）．業績に効果が出る新しい組織風土改革の進め方 第2回：意識改革の限界　月間総務オンライン　Retrieved from http://www.g-soumu.com/column/2012/02/soshiki02.php（2016年9月23日）

Senge, P. (1994). *The Fifth Discipline Fieldbook: Strategies for Building a Learning Organization.* Nicholas Brealey Publishing.
（センゲ, P. 柴田 昌治（監訳）スコラ・コンサルタント（監訳）牧野 元三（訳）(2003)．フィールドブック学習する組織「5つの能力」企業変革をチームで進める最強ツール（pp.41-45, 50-62）　日本経済新聞社）

津村 俊充（2005）．グループは発達する　南山短期大学人間関係科（監）津村 俊充・山口 真人（編）人間関係トレーニング――私を育てる教育への人間学的アプローチ（第2版）（p.71）――　ナカニシヤ出版

第7章

Ariely, D. (2009). *Predictably Irrational, Revised and Expanded Edition: The Hidden Forces That Shape Our Decisions.* HarperCollins Publishers.
（アリエリー, D. 熊谷 淳子（訳）(2013)．予想どおりに不合理――行動経済学が明かす「あなたがそれを選ぶわけ」――早川書房）

古畑 和孝・岡 隆（編）(2002)．社会心理学小辞典〔増補版〕　有斐閣

星野 欣生（2007）．小講義「コンセンサス法と人間関係づくり」　職場の人間関係づくりトレーニング（pp.69-70）　金子書房

Jehn, K. A. (1994). Enhancing effectiveness: An investigation of advantages and disadvantages of value-based in-tragroup conflict. *International Journal of Conflict Management, 5*, 223-238.

Kahneman, D. (2011). *Thinking, Fast and Slow*. FARRAR, STRAUS AND GIROUX.

　（カーネマン,D. 村井 章子（訳）(2014). ファスト＆スロー ── あなたの意思はどのように決まるか？〔下〕 ── （p.54） 早川書房）

Kegan, R., & Lahey, L. L. (2009). *Immunity to Change: How to Overcome It and Unlock the Potential in Yourself and Your Organization*(*Leadership for the Common Good*). Harvard Business Publishing.

　（キーガン, R., & レイヒー, L. L. 池村 千秋（訳）(2013). なぜ人と組織は変われないのか ── ハーバード流 自己変革の理論と実践（p.18） 英治出版）

清宮 普美代（2009）.「チーム脳」のつくり方 ── 成果を上げつづけるリーダーの仕事術 ── 　WAVE 出版

Maslow, A. H. (1943). A Theory of Human Motivation. *Psychological Review, 50*, 370-396.

McRaney, D. (2011). *You Are Not So Smart: Why You Have Too Many Friends on Facebook, Why Your Memory Is Mostly Fiction, and 46 Other Ways You're Deluding Yourself*. Gotham books.

　（マクレイニー, D. 安原 和見（訳）(2014). 思考のトラップ ── 脳があなたをダマす48のやり方── （pp.198-200） 二見書房）

Mintzberg, H. (2009). *Managing*. Berrett-Koehler Publishers.

　（ミンツバーグ, H. 池村 千秋（訳）(2011). マネジャーの実像（pp.98-100） 日経 BP 社）

Mintzberg, H. (2013). *Simply Managing: What Managers Do - and Can Do Better*. FT Publishing International.

　（ミンツバーグ, H. 池村 千秋（訳）(2014). エッセンシャル版 ミンツバーグ マネジャー論（pp.57-115, 166-176, 286） 日経 BP 社）

村山 綾・三浦 麻子（2012）. 集団内の関係葛藤と課題葛藤 ── 誤認知の問題と対処行動に関する検討── 　社会心理学研究第, *28*, 51-59.

村山 綾・大坊 郁夫（2004）. 集団討議における課題葛藤処理方略の特定 対人社会心理学研究, *4*, 105-11.

NIKKEI プラス 1 （2008）. 新人さん，ここに気を付けて ── 学生気分とさよなら（なんでもランキング）日本経済新聞　3 月 1 日，1.

Nonaka, I., & Takeuchi, H. (1995). *The Knowledge-Creating Company: How Japanese Companies Create the Dynamics of Innovation*. Oxford University Press.

　（野中 郁次郎・竹内 弘高. 梅本 勝博（訳）(1996). 知識創造企業（pp.87-105） 東洋経済新報社）

Polanyi, M. (1983). *Tacit Dimension*. Peter Smith Publisher Inc.

　（ポランニー, M. 高橋勇夫（訳）(2003). 暗黙知の次元 筑摩書房）

Schein, E. H. (1998). *Process Consultation Revisited: Building the Helping Relationship*. Addison Wesley Longman.

　（エドガー, H. シャイン. 稲葉 元吉・尾川 丈一（訳）(2012). プロセス・コンサルテーション ── 援助関係を築くこと ── （pp.215-223） 白桃書房）

Senge, P. (1994). *The Fifth Discipline Fieldbook: Strategies for Building a Learning Organization*. Nicholas Brealey Publishing.

　（センゲ, P. 柴田 昌治（監訳）スコラ・コンサルタント（監訳）牧野 元三（訳）(2003). フィールドブック学習する組織「5 つの能力」企業変革をチームで進める最強ツール（pp.76-79） 日本経済新聞社）

杉山 郁子（2013）. 決めるとは 津村俊充・星野欣生（編）実践 人間関係づくりファシリテーション（pp.85-86） 金子書房

柳田 國男（1990）. 昔風と当世風 柳田國男全集17（p.34） 筑摩書房

吉田 道雄（2001）. 人間理解のグループ・ダイナミックス ナカニシヤ出版

あとがき

　本書は，「まえがき」でも紹介しましたが，職場の Off-JT 実践例の参加者たちの"声"をきっかけとして執筆しました。職員がいきいきと働く職場づくりを実現したい方々のための「職場づくりの Off-JT（職場を離れて行う研修）」用のテキストとして，また，セミナー講師や大学等のキャリア教育を担う教職員の方々は，「体験学習」の新教材として活用してください。

　これまで行われてきた Off-JT は，個人（研修参加者）の変化を求めすぎてきたように思います。グループダイナミクスを提唱した Lewin は，個人に変化をもたらし，それが持続するようになるためには，本人が自己の不完全性に気づくだけでは足りないと指摘しています。個人が変化を成し遂げるためには，（1）その人のこれまでの行動意思決定過程の，（2）「変化（change）」に必要な場と情報を提供し，（3）新しい行動意思決定過程を身につけること，この流れを経てその行動意志決定がその人の標準的な一部になる必要があります。しかしさらに留意することがあります。それは，このような行動意志決定の多くは，職場や人間集団の中で行っていくものだということです。

　本書による職場づくりの Off-JT では，個人の変化と職場の変化に焦点を当てて，それぞれの職場で継続して働く人たちが集まること，つまり，職員・関係者同士の交流や意見交換と学びの場，「明日から，頑張ろう」という活力を生む場づくり（Off-JT）を提案しています。「まえがき」でも述べましたが，Off-JT は「原理・原則を専門家が伝達するもの」，「職員の研修ニーズに対処するもの」ではありませんから，単発に行う Off-JT プログラムに終始しないように，本書の活用を積み重ねてほしいと思います。また，これまで「ラボラトリー方式の体験学習」が大切にしてきている諸理論・小講義は，紙幅の都合で紹介するに留めていますので，ぜひ，各章で紹介した推薦図書を参考にしてください。

　本書の出版にあたっては，実に多くの方々にご協力をいただきました。この場をかりて厚くお礼申し上げます。

　監修いただいた星野欣生先生からは，細部にわたってご助言をいただきました。また，私の中には，これまで「ラボラトリー方式の体験学習」との出会いを与えてくれた江上厚氏（江上人材開発代表），荒木孝司氏（フリーランス・ファシリテーター）をはじめ，多様な学習の場をともにしてきた同士と参加者の皆さんの想いやその姿がありました。

　そして，本書の出版のきっかけとなった「Off-JT 実践例」の参加者の皆さんと，誰よりも先にエクササイズの試行に時間を割いて協力してくれた藤女子大学船木ゼミ生「大野有紀さん，徳田有紗さん，岡田春菜さん，川口成美さん」と人間生活学科の「有志の学生さんたち」が熱心に取り組む様子や意見は，私に大きなヒントを与えてくれました。さらに，ライフワークの同士としてお付き合いいただいた鳥居一頼氏からは図表等作成上のご助言を，照山秀一氏からは質問文作成上のご助言をいただき本書を仕上げることができました。厚くお礼申し上げます。

　最後に，本書を出版するにあたって，金子書房の井上誠編集部長，編集部木澤英紀さんには格別お世話になりました。誠にありがとうございました。

船木　幸弘

監修者紹介

星野　欣生（ほしの　よしお）

京都大学法学部卒業。米国 SIT にて Master of International Administration 課程修了。行動科学，人間関係論，人間関係トレーニング専攻。
南山短期大学名誉教授，日本体験学習研究所名誉研究員。
〔主要図書〕
『Creative Human Relations 人間関係トレーニング全集』全 8 冊（共著　1996年　プレスタイム），『Creative School』（共編著　2003年　プレスタイム），『人間関係づくりトレーニング』（2003年　金子書房），『人間関係トレーニング第 2 版』（共著　2005年　ナカニシヤ出版），『職場の人間関係づくりトレーニング』（2007年　金子書房），『ファシリテーター・トレーニング　第 2 版』（共編著　2010年　ナカニシヤ出版），『実践　人間関係づくりファシリテーション』（共編著　2013年　金子書房）

著者紹介

船木　幸弘（ふなき　ゆきひろ）

東北福祉大学大学院（通信制）総合福祉学研究科修了。社会福祉士。国家資格キャリアコンサルタント。
専門領域は人間関係トレーニング，ソーシャルワーク方法論（対人支援専門職と地域活動支援），ボランティアコーディネーション。現在はこれらの専門領域を，人材開発研修プログラミング，組織開発（特に OD）に活かした活動に取り組む。地方公務員（士幌町役場，社会福祉協議会，北海道保健福祉部など），弘前学院大学社会福祉学部などを経て現在は藤女子大学人間生活学部准教授。公職として北海道石狩市社会教育委員。
〔主要図書〕
『子どもの健全育成とコーディネーション──福祉コミュニティ形成へのアプローチ』（単著　2007　路上社），『子どもの育ちと人間関係』（共著　2009　保育出版社），『石狩市に提言！『フィールドワーク I』藤女子大学の授業をとおして』藤女子大学人間生活学部公開講座シリーズ［イッカヌンクル］第 3 巻（単著　2014　六曜社），『人間関係づくりとコミュニケーション──自己分析から他者理解と相互理解へ』（編著　2019　金子書房）。
〔主要論文〕
「自己覚知を促進する演習教育のあり方の検討」（単著　2011　北海道社会福祉研究第31号），「職場のコミュニケーションと組織マネジメントの留意点」（単著　2016　藤女子大学 QOL 研究所），「生活と仕事上の課題と価値観の自己検討教材」（単著　2017　藤女子大学人間生活学科紀要）

筆耕協力（第 7 章エクササイズ II，小講義 III，章末資料）

特定非営利活動法人 Facilitator Fellows（ファシリテーター・フェローズ）

北海道体験学習実践研究会を2002年に主宰したメンバーが中心となり，2010年から特定非営利活動法人化。北海道内で「ファシリテーター養成講座」を主催し，福祉や教育，行政や市民活動団体に対する研修講師派遣，アドバイザリー活動，災害被災地に対する支援活動を行っている。
〔調査研究実績〕
厚生労働省社会福祉推進事業（2011年）「生活支援相談員に対する支援のあり方とその手法に関する調査研究」，セーフティネット支援対策等事業（2012年）「東日本大震災における学生ボランティア活動の実践事例研究」，（2013年）「生活支援相談員を対象とした研修プログラムの開発研究事業」
〔連絡先〕
特定非営利活動法人　Facilitator Fellows　事務局
〒004-0022　北海道札幌市厚別区厚別南 2 丁目 7 -28
TEL：090-9523-7996　　　FAX：011-801-7451
URL：http://www.facili.jp　　E-mail：info@www.facili.jp

Off-JT に活用する
人間関係づくりトレーニング

2017年9月29日　初版第1刷発行　　　　　　　　　　　　検印省略
2020年4月15日　初版第3刷発行

監　修　　星野　欣生
著　者　　船木　幸弘
発行者　　金子　紀子
発行所　　株式会社　金子書房
　　　　　〒112-0012　東京都文京区大塚3-3-7
　　　　　電話　03（3941）0111（代）　FAX　03（3941）0163
　　　　　振替　00180-9-103376
　　　　　ホームページ　http://www.kanekoshobo.co.jp
似顔絵　　ゆき（Dosanco Slala Pro）
印　刷　　藤原印刷株式会社　　製　本　一色製本株式会社

人間関係づくりと コミュニケーション
自己分析から他者理解と相互理解へ

山内雅惠 監修
船木幸弘 編著
木村俊昭・森谷一経 著

個人でも授業でも職場研修でも使いやすいエクササイズを多数掲載。
深く自分のことを知ってよりよい人間関係づくりを。

◇目次
1．きづく─行動パターンの落とし穴
2．うけいれる─自他尊重のコミュニケーション
3．むきあう─不合理な信念とむきあう
4．みつめる─人生役割もさまざま
5．みとおす─人間関係づくりの展望
6．特別講義─地域創生における人間関係づくりトレーニングの重要性

本体1,800円＋税　B5判・130頁

人間関係づくりトレーニング

星野欣生 著

人間関係づくりにも基本とコツがある。
本書は身近な生活事例から，プロのファシリテーターの30年に亘る研究
と実践の成果を凝縮した「体験学習」の決定版。

本体1,800円＋税　B5判・142頁

職場の人間関係づくりトレーニング

星野欣生 著

身近で具体的な12のテーマを通して「体験としての人間関係づくり」を
読みながら楽しく学べる。「個人の気づき」から「グループ」や「組織」
までを網羅。

本体1,800円＋税　B5判・156頁

実践 人間関係づくりファシリテーション

日本体験学習研究所 監修
津村俊充・星野欣生 編

人間関係づくりトレーニングの実践の核となる10のテーマをとりあげ，学習者とともにかかわるファシリテーターの実践を紹介する。体験を通しともに学べる楽しいエクササイズを提示しながら，学校や職場，地域やコミュニティの世界までも広がりをもつ可能性を示唆する。

本体2,300円＋税　B5判・192頁

改訂新版　プロセス・エデュケーション
学びを支援するファシリテーションの理論と実際

津村俊充 著

学校教育，看護・医療教育，組織・企業内の教育の現場で，コミュニケーション能力やファシリテーターのリーダーシップ能力育成をするために，プロセスを大切にした教育実践の理解と実践によるアプローチ法を詳解する。ユニークな人間関係づくりトレーニングの体験学習エクササイズ例も満載。「プロセス」「体験学習の循環過程」「T グループ」の記述が加筆され，ファシリテーションのありようとスキルがさらに深く学べる。

本体2,900円＋税　B5判・296ページ